ANALYSE RAISONNÉE

DU

DROIT FRANCAIS.

SUITE DU TOME II.

DEUXIÈME PARTIE.

N. B. Le célèbre jurisconsulte qui a tracé le premier plan de ce Livre , terminoit la premiè e partie par le titre III *des justices (féodales)* , et le titre V *de la Garde noble et bourgeoise.*

Notre droit actuel étant purgé de ces épines , on s'est borné à renfermer , dan le corps de l'ouvrage , l'application des principes généraux que renferme le titre IV.

Quant au titre III , il est trop étranger à notre droit actuel pour trouver place dans cette Analyse.

AVIS AUX RELIEURS.

On renfermera , dans le même volume , toute la fin de la troisième livraison . depuis la page 120, troisième livraison, inclusivement; la septième livraison , intitulée : *Supplément au titré des Choses* , entière , feuille 14 , page 201 , jusqu'à la feuille 26 , pag. 395 ; et la huitième , depuis la feuille 14 , page 397 , jusques et y compris la feuille 28 , page 403 , finissant par la table de cette deuxième partie.

ANALYSE RAISONNEE

D U

DROIT FRANÇAIS,

Par la comparaison des dispositions des lois romaines, de celles de la coutume de Paris, et du nouveau Code des Français ;

PAR P. L. C. GIN,

ancien magistrat, membre de l'académie de législation, de la société académique des sciences, et de plusieurs autres sociétés savantes ; président de l'association de bienfaisance judiciaire en l'université de jurisprudence.

TOME SECOND.

PARIS,

GARNERY, Libraire, rue de Seine.

AN XII. — 1804.

$$=======================$$

ANALYSE RAISONNÉE

DU

DROIT FRANÇAIS.

$$=======================$$

TITRE V.

DES CHOSES.

N. B. Plusieurs objets traités dans ce Titre ne sont pas encore décrétés; d'autres font partie des lois abrogées.

Je n'ai pas cru devoir, par ces motifs, différer la publication de ce titre qui entre, par sa nature, dans la chaîne de cette Analyse.

Les lois abrogées serviront à faire connoître l'esprit et quelquefois les abus de notre ancienne législation.

Si nous nous sommes trompés, en prévenant, par nos réflexions, les dispositions du nouveau code, nos erreurs seront faciles à réparer, lorsque nous développerons les dispositions de nos nouvelles lois.

PRÉLIMINAIRE

A LA SECONDE PARTIE DU CODE CIVIL.

Nous sommes parvenus au second objet de toutes les lois civiles, les *choses*, dont elles maintiennent la propriété à celui qui en est légitime possesseur, dont elles assurent la transmission par la voie des conventions dans la génération présente, et par celle des testamens et des successions de la génération présente à la génération future.

Pourvoir à sa subsistance, se défendre contre l'intempérie des saisons, repousser ce qui nuit, se procurer les objess nécessaires à ses besoins ou à ses plaisirs, tels ont été, dans tous les temps, les premiers soins de l'homme. Les alimens qu'il consumoit, la dépouille d'un animal qu'il avoit tué, le bâton qui lui servit à se défendre et à attaquer furent ses premières possessions; la nécessité, source de l'industrie, les multiplia; l'homme attira par les bienfaits, captiva par la force les animaux dont il eut besoin pour assurer sa subsistance, et rendre son existence plus agréable; les animaux devinrent sa propriété.

Jusqu'ici nous ne rencontrons que des meubles ou des esclaves. L'industrie humaine se procura des habitations plus commodes que les antres des forêts; une sage précaution fit prévoir les besoins; l'agriculture prit naissance. Le premier soin du Patriarche législateur et monarque dans sa famille, fut d'assurer à ses enfans les fruits de son travail et de son industrie ; les familles se multiplièrent ; elles se rapprochèrent pour se procurer, par leur union, des avantages dont l'homme solitaire ou réduit au petit nombre d'individus qui composoient chaque famille, auroit été privé ; ainsi se formèrent les grandes sociétés ; la première loi, la première convention de toutes ces associations fut le maintien des propriétés particulières.

Les métaux n'en avoient pas encore fait partie ; la nature qui les cache dans le sein de la terre pour les dérober à notre avidité, qui nous force à des travaux immenses pour les obtenir, sembloit nous instruire que cette fatale richesse seroit la source de nos crimes et de nos maux. La plupart de ces métaux sont des poisons ; les plus précieux, parce qu'ils sont les plus rares, n'ont de supériorité sur les autres que par leur éclat et par les formes que l'art leur sait donner. Ils acquirent, avec le temps, un autre genre d'utilité. Choisis par une convention tacite de tous les peuples pour être

les signes communs des valeurs, ils devinrent un objet commun et facile d'é-
changes.

L'abondance des superfluités amena la
richesse et la pauvreté; le luxe ouvrit de
nouveaux canaux au commerce et à l'industrie; une monnoie de convention, les
billets, les engagemens de toute nature,
furent ajoutés à la monnoie réelle; l'ignorance et l'oisiveté imaginèrent des immeubles civils représentatifs des immeubles
réels; ce fut l'origine des *rentes foncières*,
des charges imposées sur les immeubles
réels, et des *rentes constituées* à prix d'argent. Les conventions des particuliers, au-
torisées par la loi civile, furent imitées par
le gouvernement, dans le dessein de subvenir, sans le secours des impôts, aux dépenses de l'état et à l'épuisement du trésor
public, produit plus souvent par une mauvaise administration et par les fausses dépenses que par les vrais besoins; mais cette
ressource momentanée devint funeste par
la surcharge durable qui en résulta. Des
impôts modiques, des contributions faciles
étant devenues insuffisantes pour fournir
aux charges anciennes et nouvelles, les

murmures que les lois fiscales excitèrent, obligèrent d'avoir recours à un soulagement passager. Le droit de servir la patrie fut mis à prix, et l'on imagina une propriété inconnue à l'antiquité, celle des *offices*.

Telle est l'analyse abrégée de l'origine des propriétés, tant en meubles qu'immeubles naturels ou civils. Les dispositions de notre coutume se bornent, sur le premier objet, à faire connoître ce qui étant meuble par sa nature est censé faire partie de l'immeuble par la destination du propriétaire : ce sera la matière de la section première de ce titre.

Les meubles et les immeubles civils exigent des détails, dont nous nous occuperons dans les divers paragraphes de la seconde section.

Ces deux objets remplis, nous jetterons un coup d'œil sur les distinctions que notre coutume met entre les choses, eu égard à leur destination, aux titres qui en transmettent la propriété, aux conventions que nos lois anciennes autorisoient. Ces définitions seront la matière de la troisième section.

La quatrième renfermera l'analyse de quelques §§. du titre des instituts *de rerum divisione*, l'exposé sommaire des changemens que l'anarchie féodale avoit introduits parmi nous, et des dispositions de la loi première du Livre III du nouveau code, intitulé : *Des différentes manières dont on acquiert la propriété.*

SECTION PREMIÈRE.

Division générale des choses en meubles et immeubles réels.

I.

En la prévôté et vicomté de Paris, il y a deux espèces de biens seulement, c'est à savoir *les meubles* et *les immeubles.* Art. 88.

II.

Meubles naturels et leurs accessoires.

Ustensiles d'hôtel qui se peuvent transporter sans fraction et détérioration..... et sans dépecer ou désassembler, sont réputés meubles. *Art.* 90.

... Poisson, quand il est en boutique ou réservoir, est réputé meuble. *Art.* 91.

Bois coupé, foin ou grain soyé ou fauché, supposé (bien) qu'il soit encore sur le champ et non transporté, est réputé meuble..... *Art.* 92.

III.

Immeubles naturels et leurs accessoires.

Ustensiles d'hôtel..... s'ils tiennent à fer et à clou, ou sont scellés en plâtre et *sont mis à perpétuelle demeure,* et ne peuvent être transportés sans fraction ou détérioration sont censés et réputés immeubles ; comme un moulin à vent ou à eau, pressoir édifié dans une maison , sont réputés immeubles, quand ne peuvent être ôtés sans dépecer ni désassembler. *Art.* 90.

N. B. Ces mots , *mis à perpétuelle demeure,* déterminent le sens de cet article ; le surplus, *s'ils tiennent à fer et à clou, ou sont scellés en plâtre...et ne peuvent être transportés sans fraction ou détérioration,* sont des exemples de circonstances qui font présumer la destination du père de famille ; mais qui cèdent à la preuve contraire.

La présomption d'incorporation à l'héritage est telle dans le propriétaire, que s'il a fait construire un moulin ou autre bâtiment inhérent au sol d'un immeuble propre, et qu'il ne l'ait pas détruit de son vivant, il ne peut, même par une disposition expresse de son testament, empêcher que cet accessoire de l'immemble ne soit partagé dans sa succession, comme une dépendance nécessaire de l'immeuble auquel il est incorporé. On opposeroit à une telle disposition, que le testateur a voulu ce qu'il ne pouvoit pas, et qu'il n'a pas fait ce qui étoit en son pouvoir ; que personne n'avoit droit de s'opposer à ce qu'il détruisît le moulin qu'il avoit construit, qu'il en vendît les matériaux, qu'il en disposât comme de meubles ; mais que le moulin subsistant, à l'époque de son décès, sa destination, par le propriétaire, pour l'amélioration de l'immeuble, l'a tellement incorporé à cet immeuble, que le défunt n'en a pu disposer par testament, que de la même manière et avec les mêmes limitations imposées par la loi à la disposition de l'immeuble.

Si c'étoit un usufruitier qui eût fait construire ce moulin, ou autre accessoire de l'immeuble, la présomption contraire seroit qu'il n'auroit fait cette dépense que dans l'intention d'augmenter sa jouissance ; mais on appliqueroit à cette espèce les principes des lois romaines, concernant le droit de celui qui a bâti sur le fonds d'autrui. Le §. 3o, *inst. de rerum divisione*, renferme à ce sujet une décision conforme aux règles d'équité naturelle. « Lorsque » quelqu'un, porte ce §. a bâti sur le fonds d'autrui, » et qu'il est en possession de son édifice, si le pro-» priétaire veut l'expulser, et qu'il n'offre pas l'in-

» demnité des dépenses qui ont été faites, il peut
» être écarté par une exception puisée dans l'équité
» naturelle, pourvu toutefois que le bâtisseur fût
» de bonne foi ; car s'il savoit que le sol ne lui appar-
» tenoit pas, on peut lui reprocher sa témérité
» d'avoir bâti sur un fonds qu'il savoit être à autrui. »

Certè illud constat, si in possessione constituto edificatore, soli dominus petat domum suam esse, nec solvat pretium materiæ et mercedes fabrorum, posse eum per exceptionem doli mali repelli, utique si bonæ fidei possessor sit qui edificavit ; nam scienti alienum solum esse, potest objici culpa quod edificaverit temerè in eo solo quod intelligebat alienum esse. §. 3o. inst. de rerum div.

L'usufruitier est dans ce dernier cas. Cependant la jurisprudence, fondée sur cette règle du droit naturel, qui ne permet à personne de s'enrichir aux dépens d'autrui, distingue les dépenses voluptuaires de celles qui sont nécessaires ou utiles, c'est-à-dire, qui augmentent le produit ou la valeur réelle de la chose ; les héritiers de l'usufruitier n'obtiennent aucune indemnité pour les premières ; mais les secondes doivent être estimées, non suivant ce qu'elles ont coûté, mais selon l'augmentation de valeur ou l'utilité réelle qui en résulte.

La convention expresse se joint à la présomption générale en faveur du locataire, qui a fait dans la maison louée, des dépenses, dont l'objet tient à fer et à clou, et ne peut être transporté sans fraction ou détérioration ; car l'obligation du locataire n'est que de rendre la chose louée dans le même état qu'il l'a reçue ; il est donc en droit d'enlever tout ce qu'il a mis, pourvu qu'il rende les lieux dans l'état dans lequel ils étoient au commencement de sa location, en observant toutefois cette autre règle d'équité naturelle qui ne permet à personne de nuire à autrui sans profit pour lui-même.

IV.

Application (dans notre ancien droit) de ces principes ; 1°. à la saisie et arrêt des fruits pendans par racines, nommée *saisie-brandon.*

Un seigneur peut procéder ou faire procéder, *par voie d'arrêt ou brandon,* sur les fruits pendans en l'héritage à lui redevable d'aucun cens ou fonds de terre, pour les arrérages qui lui sont dus. *Art.* 74.

2°. Au partage de la communauté.

Les fruits des héritages propres, pendans par racines, au temps du trépas de l'un des conjoints par mariage, appartiennent à celui auquel advient ledit héritage, *à la charge de payer la moitié des labours et semences.* Art. 274.

SECTION SECONDE.

Meubles et immeubles civils.

Lorsque les propriétés naturelles eurent donné naissance aux conventions, les besoins, l'empressement naturel des hommes pour se procurer les objets de leurs désirs, le défaut de matières d'échange, firent naître les obligations. Elles se multiplièrent par l'accroissement que le commerce et l'industrie reçurent de l'admission de l'or et de l'argent dans les négociations, comme signes universels des valeurs; les spéculations utiles prirent naissance. Elles ne purent être exécutées que par la substitution d'un acte obligatoire à la valeur réelle que le commerçant se trouvoit dans l'impuissance de fournir; la difficulté du transport de métaux pesans et incommodes nécessita un papier représentatif; la loi vint au secours du créancier, pour forcer le débiteur à remplir ses engagemens. Telle est la nature des meubles civils.

Toute obligation dont l'objet est de for-

II.   9

cer le débiteur à fournir un meuble ou une somme représentative, *quæ tendit ad mobile*, suivant l'expression des jurisconsultes, est réputée meuble ; c'est ce qu'on nomme *effets mobiliers.*

Quelquefois le propriétaire d'immeubles préfère un revenu fixe à l'incertitude des récoltes. Il se dessaisit de sa propriété, moyennant une redevance annuelle en argent ou en fruits ; c'est l'origine des *cens,* dans notre ancien droit, et des *rentes foncières.*

Quelquefois il juge plus utile d'affecter la renaissance des fruits à l'accomplissement d'engagemens qu'il ne pourroit remplir que par l'aliénation de sa propriété ; c'est l'origine et la nature des *rentes constituées.*

Enfin les besoins de l'état introduisirent parmi nous la vénalité des offices.

Telles sont les trois espèces d'immeubles civils dont notre coutume fasse mention.

V.

Meubles civils.

Cédules, obligations faites pour somme de deniers, marchandises ou autres choses mobiliaires, sont réputées *meubles.* Art. 89.

II.

Immeubles civils.

Les rentes foncières, les rentes constituées et les offices, dans notre ancien droit,
voyez ci-après.

§. Ier.

Rentes foncières et constituées.

Le bail à rente foncière (c'est ainsi que
se nomme le titre constitutif des rentes foncières.) consiste dans l'aliénatiou d'un immeuble, à la charge d'une redevance annuelle représeutative des fruits.

Cette définition est la base de toutes
les dispositions de notre coutume en cette
matière.

Ainsi le créancier de la rente foncière
et le débiteur ont une double propriété sur
l'immeuble chargé de rente foncière, l'une
qu'on nomme *domaine utile*, qui assure la
possession de l'immeuble au débiteur de la
rente, l'autre qu'on qualifie *domaine direct*,
conséquence du droit que le créancier s'est
réservé dans l'aliénatiou.

Ce fut à ce titre que dans le démembrement de la monarchie par le gouvernement
féodal, les propriétaires de fiefs s'étant ap-
proprié la glèbe, dont la jouissance leur
avoit été accordée pour récompense de
leurs services militaires et civils, et l'ayant
partagée ensuite entre leurs vassaux et censitaires, retenant par devers eux la seigneurie directe ou suzeraineté, se prétendirent
propriétaires de tout ce qui, dans l'étendue du territoire de leurs hautes-justices,
n'appartenoit à personne par un titre particulier.

Mais ce n'est pas le lieu de nous occu-
per de cet objet qui sera la matière de la
section IV de ce titre. Revenons aux rentes
foncières proprement dites.

La rente foncière est perpétuelle par sa
nature; la faculté de rachat stipulée par
le contrat, est donc une exception résultante d'une convention particulière susceptible de prescription, comme nous le di-
rons en son lieu. Cependant notre coutume
avoit excepté de la perpétuité naturelle des
rentes foncières celles établies sur les maisons de Paris, qui n'étoient pas les premières après le cens, c'est-à-dire, qui ne

tiroient pas léur source de la glèbe seigneu-
riale, ou de la première aliénation après ce
démembrement, telles que sont les soultes
de partages ou les legs de rentes dont les
héritages peuvent être chargés postérieurement à la première aliénation; car toutes
ces charges annuelles sont de la nature des
rentes foncières. L'objet de la coutume,
dans cette exception, avoit été de faciliter
le commerce, la décoration et l'entretien
des maisons de la capitale, en mettant le
propriétaire en état de se libérer de charges
qui énervoient sa propriété et la dégra-
doient.

Un droit réel qui conserve au créancier
une sorte de propriété de l'immeuble af-
fecté à la rente, est censé faire partie de
cet immeuble; c'est pourquoi les saisies de
rentes foncières étoient assujéties aux mêmes
formalités qui avoient lieu pour les saisies
d'immeubles réels.

Tant que la rente subsistoit dans la main
du propriétaire originaire, la propriété directe du créancier couvroit la propriété
utile du débiteur, vis-à-vis du seigneur
féodal dont la glèbe étoit émanée en fief
ou en censive; mais si la rente foncière étoit

rachetée ou aliénée, cette vente opéroit une véritable mutation qui donnoit ouverture aux droits du seigneur féodal.

Prêtez sans espérer de profit. Telle est la loi de l'Evangile, qui reçoit, dans le droit canonique même, deux exceptions, du profit dont le créancier s'est privé par le prêt, et de la perte que la privation de son argent ou des autres choses qui se consument par l'usage lui a occasionnée : *lucrum cessans vel damnum emergens.*

Ces règles suffisoient à une puissance qui n'exerce son empire que sur les consciences; mais il étoit nécessaire que la loi civile prît des précautions pour prévenir les fraudes.

Les lois romaines n'en connurent d'autres que la fixation du taux de l'intérêt, qui varioit, suivant l'état du prêteur et celui de l'emprunteur, et l'usage auquel les deniers empruntés étoient destinés. *Voyez* les titres du digeste et du code *de usuris.*

Ces lois furent imitées par nos ordonnances ; mais elles rendirent la fixation de l'intérêt immuable jusqu'à la révocation de la loi; ce fut ainsi que l'intérêt diminua en raison inverse de l'augmentation du numéraire, depuis le denier 12, qui est le taux de la première fixation par l'ordonnance de Charles VII, du mois de novembre 1491, jusqu'au denier 20 sujet à des retenues proportionnelles aux impositions royales dont les immeubles réels étoient chargés, et même, dans quelques intervalles de temps, jusqu'au denier 25; lois toujours impuissantes pour arrêter la fraude, si le rapport n'est exact.

Passons à la nature et à l'origine des contrats de constitution qui font la matière de plusieurs articles de notre coutume, et une branche principale d'immeubles civils.

La stipulation d'intérêts de l'argent prêté, autorisée expressément par les lois romaines, tolérée, nonobstant la disposition de nos ordonnances, dans toutes les provinces de droit écrit qui n'étoient pas du ressort du parlement de Paris, permise dans la Bresse et dans le Bugey, par un arrêt du conseil, du 29 mars 1632, revêtu de lettres-patentes enregistrées au parlement de Dijon, le 30 janvier 1643, dont les emprunts ouverts par nos rois nous fournissoient des exemples journaliers, fut regardée comme usuraire par les canonistes des quinzième et seizième siècles.

Il n'en est pas, disoient-ils, du prêt de l'argent monnoyé et des autres choses qui se consument par l'usage, qu'on nomme en latin *mutuum, quasi ex meo tuum reddens*, comme du *commodatum*, du prêt ou louage de meubles que l'usage détériore sans les consumer. L'usage de la chose prêtée par le contrat nommé *commodatum*, peut être apprécié; mais le prêt des choses dont le propriétaire ne peut tirer aucune utilité s'il ne les aliène ou les consume, le *mutuum*, renferme une véritable vente dont le prix ne peut excéder la valeur de la chose vendue, qui n'est autre que la somme prêtée, quelque délai que le prêteur ait accordé à l'emprunteur.

La réflexion la plus simple, les exemples les plus journaliers découvrent la fausse subtilité de ce raisonnement; car les lois et la jurisprudence font courir de droit des intérêts à plusieurs créances privilégiées, telles que la restitution de dot et les deniers pupillaires; nos ordonnances, qui proscrivoient les stipulations dans les dettes ordinaires, autorisoient le magistrat à condamner le débiteur au paiement de ces mêmes intérêts, par forme de dommages-intérêts du retard de paiement ; les intérêts du prix d'un immeuble pouvoient être stipulés par le vendeur, suivant la jurisprudence la plus constante, comme représentatifs des fruits dont l'acquéreur avoit droit de jouir de l'époque de sa mise en possession jusqu'à celle du paiement ; il est donc vrai que le retard de jouissance de l'argent prêté renferme un dommage réel, dont il est juste que le prêteur soit indemnisé. En effet, cet argent, considéré comme signe des valeurs, est représentatif de tous les objets à l'acquisition desquels il eût pu être employé, soit immeubles qui eussent produit des fruits, soit effets d'un commerce plus lucratif ; et toutefois le raisonnement qui vient d'être exposé fût la base des dispositions de l'article 141 de l'ordonnance d'Orléans, de l'article 362 de l'ordonnance de Blois, enfin de l'article Ier. du titre VI de l'ordonnance de 1673, qui proscrivirent les stipulations d'intérêts sans aliénation du principal, et autorisèrent le débiteur à imputer les intérêts par lui payés, en vertu de telles conventions, sur le capital de sa dette.

On s'aperçut bientôt que de telles lois mettoient des entraves pernicieuses à la circulation. On crut trouver le remède dans la loi 2, C. *de deb. civ.* par laquelle Constantin autorisoit les corps-de-ville à prêter les deniers provenus de leurs épargnes à intérêts, avec stipulation expresse que ces corps ne pourroient exiger le principal, à moins de diminution du gage de la créance et de danger d'insolvabilité du débiteur. Un tel contrat, disent les jurisconsultes, n'est pas un simple prêt, *mutuum*, c'est l'acquisition d'un droit réel sur les biens du débiteur, qui peut se libérer quand il le veut ; mais qui ne peut être forcé de le faire, tant qu'il conserve, dans leur intégrité, les biens affectés à la sûreté du créancier.

Telle est la nature des contrats de constitution, que l'usage introduisit parmi nous, que l'autorité des papes, Martin V et Calixte III, purgèrent de tout soupçon d'usure. Cap. 1 et 2, *de empt. vend. extravag. comm.* ; car le droit canonique fut, comme nous l'avons déjà observé, l'une des principales sources de notre droit coutumier.

C'est sous ce point de vue que notre coutume plaçoit les contrats de constitution de rente au nombre des immeubles civils, à la différence de la coutume de Troyes et de plusieurs autres , qui ne considérant la somme fournie par le créancier que comme un prêt, les réputoient mobiliers.

Le contrat de constitution d'une rente perpétuelle est donc l'acquisition d'une propriété civile sur les biens du débiteur, qui produit des fruits civils , jusqu'à ce que le débiteur de la rente l'anéantisse par le remboursement.

Le contrat de rente viagère est l'acquisition d'un usufruit civil, qui s'évanouit par la mort du créancier ; raison pour laquelle nos lois n'avoient prescrit aucun taux à ces contrats ; c'est un forfait sur la tête du créancier, qui tient au calcul des probabilités de la vie humaine.

N. B. D'autres jurisconsultes, d'une autorité respectable, imbus des subtilités de l'école que j'ai exposées, définissoient la rente viagère un prêt mobilier divisé en autant d'années que l'âge, la santé ou les infirmités du prêteur pouvoient faire supposer de probabilité à la durée de son existence, sous la condition, qu'à quelque époque que le prêteur vînt à décéder, l'emprunteur seroit libéré ; et réciproquement, que les paiemens continueroient, même après le remboursement du principal, pendant quelque temps que la vie du créancier fût prolongée ; ce qui caractérisoit le forfait, le *jactus retis*, comme parlent les lois romaines, le risque du gain ou de la perte, sans déroger aux lois du *mutuum* du prêt d'argent.

De là combien de procès ! J'en citerai un exemple qui m'a passé sous les yeux.

Un mari et une femme, parvenus à un âge avancé, sans avoir eu d'enfans, ont eu un commerce prospère.

Le mari, maître de la communauté, aux termes de l'article 225 de la coutume de Paris, dans le dessein d'augmenter son aisance, place tous les ans, en rentes viagères, les fruits de leur mutuelle collaboration et de leur économie, tantôt sur sa tête, tantôt sur celle de son épouse, tantôt sur l'une et l'autre.

Ils usent ensuite de la faculté qui leur est accordée par l'art. 280 de la coutume, en se faisant don mutuel l'un à l'autre, en usufruit seulement, *de tous leurs biens — meubles et conquêts.*

Le mari meurt, et la veuve jouit à titre de don mutuel, de tous les arrérages des rentes viagères établies, soit sur les deux têtes, ou sur la sienne seule, qui n'ont pas été éteintes par le prédécès de son époux.

A son décès, les héritiers du mari demandent la restitution à la masse de la communauté de tous ces arrérages. S'il en étoit autrement, disent-ils, il eût été au pouvoir du mari de s'approprier tout le bénéfice de la communauté, ou d'en faire don à son épouse, en plaçant les communes épargnes en rente viagère sur l'une ou sur l'autre tête, avantage indirect, prohibé par l'art. 282 de notre coutume.

Cette question n'étoit pas neuve ; mais les variations de la jurisprudence, en cette matière, étoient

sans nombre; quelques arrêts avoient admis le sys=
tème des héritiers du prédécédé; ce qui faisoit éva-
nouir le don mutuel et le rendoit onéreux à la succession du survivant. D'autres exigeoient une égalité
numérique dans les placemens, pour que, dans
aucuns cas, ni l'une ni l'autre succession ne fût
grevée. D'autres enfin ne faisoient entrer, dans le
don mutuel, que les seuls intérêts annuels des arrérages des rentes viagères considérées, quant à leur
prétendu capital, comme subsistantes dans la communauté pour toute la partie qui n'étoit pas éteinte
par la jouissance des deux époux.

Ils appuyoient leur système d'une autorité respectable, celle des actes de notoriété du Châtelet, rédi-
gés en 1710 par le célèbre lieutenant civil, M. Le
Camus, page 350, édition de 1759.

Je soutins qu'il n'étoit dû aucune restitution; et
voici la série de principes sur lesquels je m'appuyois.

Les héritiers n'ont droit à une succession qu'en
l'état auquel le défunt l'a laissée.

Le mari, maître de la communauté, a pu en
disposer, aux termes de l'article 225 de la coutume,
au profit de personne capable, et sans fraude.

Il pouvoit placer ses économies en immeubles; il
a préféré l'acquisition d'un usufruit sur sa tête, sur
celle de son épouse, sur les deux; il a usé de son
droit; le prix de cet usufruit n'est pas moins anéanti.

C'est ce qu'un arrêt de la grand'chambre du parlement de Paris jugea en 1769; et cet arrêt a fixé
la jurisprudence jusqu'alors incertaine.

Cet échaufadage ne subsistoit plus depuis long-
temps à l'époque de notre révolution.

Depuis long-temps nos rois avoient donné l'exemple de dérogations aux lois qui défendoient, comme
usuraire, la stipulation d'intérêts, sans aliénation
du principal, en ouvrant des emprunts dont l'État
s'engageoit à rembourser le principal à époques fixes,
et cependant d'en payer l'intérêt à un taux plus ou
moins fort, suivant l'urgence du besoin; promesses
souvent mal exécutées, par une suite de l'épuisement du trésor public; et néanmoins cet intérêt,
quel qu'il fût, n'étoit pas entièrement disproportionné
avec les fruits d'un immeuble qui eût pu être acquis
avec la somme prêtée; car c'est le thermomètre de
telles stipulations.

Que les hommes passent rapidement d'un excès de
sévérité à un excès de licence !

Dans la culbute universelle de nos lois anciennes,
un décret intervient qui, des deux qualités que les
métaux ont par la nature, et par la convention tacite
de tous les peuples policés, celle de marchandise, et
celle de signes communs des valeurs, ne leur en
conserve qu'une seule, celle de marchandise.

Dès lors plus de taux à l'intérêt : c'est le prix d'une
marchandise qui n'est déterminé que par le besoin de
l'acheteur, en butte à l'avidité du vendeur.

Espérons que nos législateurs mettront un terme à
cet abus, par une loi de police dont le besoin est
depuis long-temps reconnu pour tous les objets de
première nécessité; les métaux considérés comme
signes de valeur, sont constamment de ce nombre;
non invariable sans doute, car elle dépend essentiellement de l'abondance et de la rareté de l'espèce ; ni

uniforme dans toutes ses parties : il est juste que
l'intérêt soit plus fort dans le commerce, que dans le
cours ordinaire des autres affaires ; parce que l'avan‐
tage que retire l'acheteur d'une telle marchandise est
plus grand, et la sûreté du vendeur moindre ; mais
suffisante pour tracer la ligne de démarcation entre
un profit légitime, juste indemnité du retard de
paiement stipulé, et une usure punissable, même
par la voie criminelle.

Revenons aux articles de notre coutume, relatifs
aux rentes foncières et constituées.

I.

Les rentes foncières sont censées faire
partie de l'immeuble.

Les détenteurs et propriétaires de cens,
rentes ou autres charges réelles et annuelles.
Art. 99.

De toutes rentes foncières non rache‐
tables, vendues à autres, ou délaissées par
rachat depuis le premier bail, sont dues
ventes, eu égard au prix de la vente ou
rachat d'icelles, *tout ainsi que si l'héri‐
tage ou partie d'icelui étoit vendu.* Art. 87.

Quant aux rentes foncières, les criées
doivent en être faites dans la même forme
que des héritages sujets auxdites rentes.
Art. 349.

II.

Faculté de rachat prescriptible.

La faculté donnée par contrat de racheter l'héritage, *ou rente de bail d'héritage
à toujours*, se prescrit, par trente ans,
entre âgés et non privilégiés. *Art.* 120.

III.

Exception de rentes assises sur les
maisons de Paris, si elles ne sont les
premières après le cens.

Ce que dessus n'a lieu ès rentes de bail
d'héritages sur maisons assises en la ville et
faubourgs de Paris, *lesquelles rentes sont
à toujours rachetables, si elles ne sont
les premières après le cens.* Art. 121.

IV.

Application aux rentes léguées.

Legs pitoyables de rentes en deniers,
grains ou autres espèces, sur une maison de
la ville de Paris et faubourgs d'icelle, sont
rachetables, au denier 20, sans que ledit

rachat puisse se prescrire, ores (encore) qu'il fût dit non rachetables, en faisant toutefois le remploi en autres héritages ou rentes. *Art.* 122.

N. B. 1°. Ces mots, *au denier vingt*, quoique le taux de l'argent fût alors le denier quinze ; mais il s'agit ici d'une charge annuelle non rachetable par sa nature, dont la libération a une valeur supérieure au taux ordinaire.

2°. L'obligation imposée par cet article, au débiteur, de veiller à l'emploi des deniers remboursés, est la conséquence de la faveur des legs pieux.

V.

Rentes constituées sont immeubles.

Rentes constituées à prix d'argent sont immeubles, jusqu'à ce qu'elles soient rachetées. *Art.* 94.

V I.

Faculté de rachat imprescriptible.

Faculté de racheter rente constituée à prix d'argent, ne se peut prescrire, par quelque laps de temps que ce soit ; ains (mais) sont lesdites rentes rachetables à toujours, encore qu'il y ait cent ans. *Art.* 119.

II.   10

VII.

Les rentes qui se paient à bureau ouvert, telles que les rentes sur l'Hôtel-de-Ville de Paris, sont censées situées au lieu où se fait le paiement ; celles constituées par des particuliers ont leur assiette au lieu du domicile du créancier.

Quand une rente constituée sur l'hôtel-de-ville de Paris, est saisie et mise en criées, faut faire les criées et proclamations devant la principale porte de l'église paroissiale dudit hôtel-de-ville, et mettre affiches et panonceaux contre les portes de ladite église et hôtel-de-ville. *Art.* 347.

N. B. « Cet article ne s'observe pas (dit Ferrière » dans sa note) parce que, par l'édit de 1673, on » prend des lettres de ratification qui purgent les » hypothèques. » C'est-à-dire, qu'il ne s'observoit plus dès-lors en décret volontaire, parce que la voie des lettres de ratification étoit plus courte, plus facile et moins coûteuse ; c'est pourquoi elle fut introduite, par édit de 1771, dans la vente des immeubles réels ; mais les lettres de ratification supposent la vente volontaire. Si le débiteur s'y refuse, il n'étoit d'autre voie de le contraindre que la saisie réelle et le décret forcé; alors les formalités prescrites par cet article devoient être observées.

(Nous citons ces lois, quoique abrogées, parce qu'il n'est pas inutile d'en saisir l'esprit.)

Et quand une rente constituée *par un particulier* est saisie et mise en criées, il suffit faire les criées devant la principale porte de l'église paroissiale du saisi-créancier de ladite rente, et faire mettre affiches et panonceaux, tant contre la maison dudit saisi, que contre les portes de ladite église et paroisse dudit saisi, créancier de la rente. *Art.* 348.

N. B. On ne connoissoit, lors de la réformation de notre coutume, d'autres rentes constituées qui se payassent à bureau ouvert, que celles de l'Hôtel-de-Ville; c'est pourquoi l'art. 347 ne parle que de ces rentes. Le bureau de paiement forme une assiette naturelle de telles rentes; mais lorsque la constitution est sur un particulier, l'assiette de l'immeuble civil est le domicile du créancier; car il est le propriétaire de l'immeuble civil; les rentes constituées sont portables, par leur nature, au domicile du créancier.

§. II.

Des Offices.

Nous ne traiterons dans ce paragraphe que des offices royaux , qui seuls , depuis l'introduction de la vénalité , avoient, dans notre ancien droit, le caractère d'immeubles civils.

Dans les justices seigneuriales , la puissance publique résidoit sur la tête du propriétaire du fief; car cette justice n'étoit autre que celle émanée originairement du souverain , convertie en propriété par la tolérance de nos rois. Aussi, depuis la substitution, par les établissemens de Saint Louis, d'un ordre judiciaire régulier, à la barbarie des épreuves et des combats, ne purent-ils l'exercer par eux-mêmes : ils furent obligés d'en commettre les fonctions à des laïcs , non à des clercs, afin, porte une ordonnance de Philippe-le-Bel, du parlement de Toussaint, de l'an 1287, que leur responsabilité ne pût être éludée par le privilége de cléricature, si puissant alors. *Ordinatum fuit per consilium domini regis , duces , comites , barones , archiepiscopi , episcopi ,*

*abbates , capituli, collegia , milites , et
generaliter omnes in regno Franciæ temporalem jurisdictionem habentes, ad exer-
cendam dictam temporalem jurisdictionem, baillivum, præpositum, et servientes
laïcos et nullatenus clericos, instituant ,
ut si delinquant , superiores sibi possint
animadvertere in eosdem , et si aliqui cle-
rici sint in prædictis officiis amoveantur.*
Ordonnances du Louvre.

« Il a été ordonné par le conseil du sei-
» gneur-roi que les ducs, barons, arche-
» vêques, évêques, abbés, chapitres, colléges,
» écuyers, chevaliers (car ils sont compris
» dans le mot *milites*), et généralement tous
» ceux qui ont, dans le royaume de France,
» une juridiction temporelle, commettent,
» pour l'exercice de cette juridiction, un
» bailli, un prévôt et des servans laïcs, et
» non des clercs; afin que s'ils délinquent,
» leurs supérieurs puissent les punir, et
» que si, dans lesdits offices, se trouvent
» des clercs, ils soient écartés. » Et ces
commissions étoient révocables par nature. Ni la finance que les seigneurs se permettoient quelquefois d'exiger, ni la renonciation la plus solennelle au droit de révo-

cation, ne rendoient ces offices inamovibles.
Un tel engagement étoit jugé nul, par défaut de pouvoir, sauf l'obligation de restituer la somme payée, avec dommages-intérêts, si la révocation étoit sans cause.

Quant aux offices royaux, pendant toute
la première, la deuxième, et une grande
partie de la troisième dynastie de nos rois,
ce droit de révoquer les officiers qu'ils
avoient nommés, fut regardé comme un
apanage de la souveraineté.

Cependant, dès le temps de Charles-le-
Chauve, on s'étoit aperçu de l'abus d'une
telle versatilité, notamment dans les offices
de judicature, que le magistrat en butte aux
intrigues, aux vengeances trop communes
dans les cours, conserveroit difficilement
cette impartialité qui lui est nécessaire pour
protéger le foible contre l'injustice et la violence de l'homme puissant.

En l'an 843, le concile de Meaux, qui
fait partie des capitulaires de nos rois (car
ces assemblées nationales prenoient souvent
le nom de conciles, à cause de la multitude
d'évêques qui y assistoient,) avoit tenté de
porter remède à cet abus, par le serment
qu'il exigeoit du monarque.

Les termes de ce canon sont remar-
quables.

« Reconnoissant que c'est une dette de
» notre part, suivant la parole du Seigneur,
» d'honorer ceux de qui nous recevons
» l'honneur, nous voulons que tous nos
» féaux tiennent pour très-certain, qu'au-
» cun de quelque ordre ou dignité qu'il
» soit, ne doit être privé par la suite, par
» notre caprice, par la ruse ou l'injuste
» cupidité d'autrui, de l'honneur qu'il a
» mérité par ses services, sinon par un
» jugement de la justice, conforme à la
» justice et à l'équité; et je promets, avec
» la grâce de Dieu, conserver à chacun,
» suivant son ordre et sa dignité, la loi
» qui le compète, telle qu'en ont joui
» ses prédécesseurs, du temps de nos pré-
» décesseurs. »

*Quia vero debitum esse cognoscimus,
ut a quibus honorem suscipimus, eos juxta
dictum dominicum, honoremus, volumus
ut omnes fideles nostri certissimum te-
neant neminem cujuslibet ordinis vel dig-
nitatis, deinceps, nostro inconvenienti li-
bitu, aut alterius calliditate, vel injustâ
cupidine, promerito honore debere pri-*

vari, nisi justitiæ judicio, et ratione atque æquitate dictante. Legem vero unicuique compentem, sicut antecessores sui, tempore nostrorum predecessorum habuerunt, in omni dignitate et ordine, favente deo, me observaturum perdono. Cap. reg. Fr. II, page 6, leges Caroli Calvi.

Vaines précautions! la loi tombe en désuétude.

Celui de nos monarques qui a dégradé sa mémoire par plus de révocations arbitraires, le despote Louis XI, touchant à son heure dernière, y met un frein, en s'engageant, par la célèbre déclaration de 1467, dont il fait jurer l'observation par son fils Charles VIII, devenue par l'assentiment de la nation entière loi fondamentale et constitutive de la monarchie, « à ne conférer » aucun office s'il n'est vacant par mort, » démission volontaire, ou forfaiture jugée » et déclarée judiciairement, et selon les » formes de justice, par juge compétent. »

Il y a loin de là à l'absurde prétention de la propriété de la puissance publique. Voyons comment ce système s'étoit calfeutré dans les esprits, par l'introduction, près d'un siècle après, de la vénalité dans les offices, notamment dans ceux de judicature.

« Nicole Gilles et Gagnin disent que ce
» fut Louis XII qui, pour s'acquitter de
» grandes dettes faites par Charles VIII son
» prédécesseur, pour le recouvrement du
» duché de Milan, et ne voulant surchar-
» ger son peuple de tailles ou emprunts,
» prit de l'argent des offices, *dont il retira*
» *grandes pécunes,* dit Nicole Gilles.

» Ce qu'il fit, à l'imitation des Vénitiens,
» qui ayant dépensé plus de cinq millions
» de ducats à la guerre qu'ils avoient contre
» lui, s'avisèrent, pour remplir leur trésor
» tout épuisé, de vendre les offices de leur
» république, dont l'histoire dit qu'ils re-
» tirèrent cent millions ; de sorte que Louis
» XII les voyant si promptement relevés,
» par cette invention, ne se put empêcher
» de s'en aider, au prix que la nécessité
» urgente l'y contraignoit ; mais il n'en fit
» un revenu ordinaire, ainsi qu'à présent,
» et si n'en usa qu'à l'égard des offices de
» finance et non de judicature, comme ces
» analistes le reconnoissent..... Comme en
» France, une ouverture pour tirer de l'ar-
» gent, étant une fois commencée, s'ac-

» croît toujours de temps en temps, par
» l'extrême dévotion et obéissance de ce
» peuple, et sous le spécieux et ordinaire
» prétexte de la nécessité publique, le roi
» François, successeur de Louis XII, pra-
» tiqua tout ouvertement et sans restric-
» tion, la vénalité publique des offices,
» qu'il établit comme un revenu ordinaire,
» au lieu de son domaine qui étoit déjà
» aliéné, érigeant le bureau des parties
» casuelles, en l'an 1522, pour servir de
» boutique à cette marchandise, bureau
» qui n'étoit, du commencement, que pour
» les offices de finance.....Enfin la vénalité
» s'est glissée, même à l'égard des offices
» de judicature, qui ont été mis en taxe
» aux parties casuelles, par forme de prêt
» seulement; mais c'étoit un prêt à ne ja-
» mais rendre..... Toutefois, le parlement
» qui ne pouvoit approuver la vénalité des
» offices de judicature, laquelle néanmoins
» il ne pouvoit prohiber, en espérant d'y
» voir quelque jour une réformation, *et*
» *afin que parmi cette tolérance forcée,*
» *la mémoire de la raison et du devoir*
» *ne se perdît, faisoit prêter aux offi-*
» *ciers, lors de leur réception, le ser-*

» *ment prescrit par les anciennes ordon-*
» *nances..... de n'avoir acheté leurs offices*
» *directement ou indirectement ;* en quoi
» on entendoit taisiblement excepter le
» prêt entré aux coffres du roi et sans
» fraude, que néanmoins la cour, de peur
» de l'autoriser, ne voulut être exprimé. »
Loiseau, des offices, liv. III, chap. Ier.

Jusqu'ici les offices n'étoient une marchandise que pour le roi. A chaque mutation, ils rentroient dans la maison du souverain, pour être revendus aux parties casuelles, par forme de prêt.

Le droit de survivance qui les a assimilés
d'une manière plus sensible aux propriétés,
et le pouvoir de les résigner, ne furent,
dans leur origine, que des grâces personnelles accordées à quelques officiers ; mais
les ravages occasionnés par les guerres de
religion portèrent Charles IX, en l'année
1568, à accorder la survivance et le droit
de disposer de leurs offices, soit par eux-
mêmes, soit par leurs héritiers, à tous ceux
qui lui payèrent le tiers de la somme, à
laquelle ces offices furent fixés. Ce fut un
des objets des remontrances des États-généraux assemblés à Blois en 1579. Toutes

les survivances accordées gratuitement furent révoquées; mais celles accordées moyennant finance furent conservées.

Henri IV se rendit plus pleinement au vœu de la nation, en révoquant, par un édit de l'an 1598, même les survivances accordées moyennant finance, dont il s'obligea de payer l'intérêt en augmentation de gages; cependant six ans après cette loi, le même prince rendit, par l'édit de 1604, nommé de *la Paulette*, du nom de l'auteur de ce projet, tous les offices de judicature héréditaires, avec droit de les résigner, moyennant le paiement annuel du soixantième de la fixation de l'office, qui seroit payé en ses parties casuelles. Cet édit, qui ne fut enregistré dans aucune cour, mais seulement publié à l'audience du sceau, eut sa pleine exécution, par l'impossibilité d'obtenir des provisions autrement qu'en se soumettant aux conditions portées par la nouvelle loi.

Nous ne parlons ici que des offices de judicature; car la vénalité des offices de finance, quoique sujette à bien des abus, par le prix énorme auquel ils furent portés, a au moins cet avantage, que la finance payée par le titulaire est un gage, dans la main du souverain, de la fidélité de son comptable; c'est ce que les nouvelles lois appellent *cautionnement*, dénomination caractéristique de sa nature.

« Bref aujourd'hui (dit encore Loiseau),
» l'établissement des parties casuelles est
» comme un trafic d'argent que le roi fait
» avec ses sujets..... et par ce trafic, il vend
» chèrement l'autorité publique, le rang et
» l'honneur qui provient des offices..... C'est
» une grande honte aux gens de lettres,
» d'avoir tellement laissé enfler le vent
» d'ambition dans leurs longues robes, que
» sans mettre leur science en compte, ils
» se sont eux-mêmes donné la loi d'acheter
» leurs offices au triple des financiers; mais
» plusieurs des uns et des autres font ce
» qu'ils peuvent, pour retirer bientôt par
» le menu, soit du roi, soit du peuple,
» l'argent qu'ils ont déboursé pour leurs
» offices, et y en a qui se hâtent tant, qu'ils
» se mettent en danger de se rompre le col. »
Loiseau, des offices, Liv. III, chap. Ier,
n°. 205.

Tel a été le langage de tous les jurisconsultes français, jusqu'au testament politique

du cardinal de Richelieu, dans lequel ce
ministre se borne à gémir de l'abus de la
vénalité, sans proposer de le réformer. « Il
» y a des abus, dit-il, qu'il faut souffrir,
» de peur de tomber dans des suites de plus
» dangereuse conséquence. Le temps et les
» occasions ouvriront les yeux à ceux qui
» viendront dans un autre siècle pour faire
» utilement ce qu'on n'oseroit entreprendre
» en celui-ci, sans exposer imprudemment
» l'État à quelque ébranlement..... Mais il
» est absolument nécessaire de modérer le
» prix des offices. » *Testament politique,*
pages 149 et 150.

M. Montesquieu a pensé autrement (1).

« Convient-il que les charges soient vé-
» nales ?.... *cette vénalité est bonne dans*
» *les états monarchiques,* parce qu'elle
» fait faire comme un métier de famille,
» ce qu'on ne voudroit pas entreprendre
» pour la vertu, qu'elle destine chacun à
» son devoir, et rend les ordres de l'État
» plus permanens. *Suidas* dit très-bien
» qu'Anastase avoit fait de l'Empire une

----

(1) Esprit des Lois, liv. V, chap. 19.

» espèce d'aristocratie, en vendant toutes
» les magistratures. »

Quelque respectable que soit l'autorité du magistrat philosophe que je viens de citer, on doit qualifier cette opinion de nouvelle, puisqu'aucun jurisconsulte, aucun publiciste n'avoit avant lui osé avancer en thèse cette proposition : que *la vénalité des offices est bonne dans les états monarchiques.*

Jamais la vénalité des offices ne fut autorisée par aucune loi romaine; elle fut proscrite par un grand nombre. *Voyez* la loi dernière, dig. *ad* L. *juliam repetund.* toutes les lois du dig. et du code *de ambitu,* et la dissertation de Loiseau sur cette matière. *Ibid,* n°. 112.

Il est vrai que la corruption qui avoit pris naissance sous le gouvernement républicain, n'ayant pu être entièrement déracinée par les empereurs, ils..... « se réso-
» lurent enfin, cédant à la nécessité, d'y
» prendre part eux - mêmes. » *Loiseau, ibid.*

Qu'arriva-t-il, selon vous-même, M. de Montesquieu ? que l'empire devint une espèce d'aristocratie, ou, pour parler plus

exactement, une oligarchie (1); or les intérêts du peuple sont sacrifiés dans ces gouvernemens.

Est-ce un bien que la plus noble fonc-
tion de l'humanité soit exercée comme un
métier de famille ? Écoutons encore Loiseau. « Les ducs et les comtes ayant rendu
» leurs offices héréditaires, et les ayant
» convertis en seigneuries, non-seulement
» se chargèrent d'exercer eux-mêmes la
» justice, mais aussi convertirent cet exer-
» cice et les émolumens d'icelui en ferme
» patrimoniale..... Nos rois se laissèrent
» emporter eux-mêmes à continuer cette
» mauvaise coutume, et ainsi nous trou-
» vons qu'elle avoit lieu auparavant le règne
» de Saint Louis, même en la capitale du
» royaume, d'où il arrivoit que les foibles
» étoient opprimés, et demeuroit la terre
» du roi comme déserte, jusqu'à ce que

(1) La différence de ces deux gouvernemens, est
que, dans le premier, ce sont les grands qui gouvernent; dans le second, un petit nombre pris comme
au hasard, dans la multitude des aspirans. Ainsi
l'oligarchie est une dépravation de l'aristocratie,
d'autant plus dangereuse, que les intérêts particuliers de ceux qui gouvernent sont plus multipliés.

» le bon roi (Saint Louis) reprit la jus-
» tice, et la bailla en garde à un nommé
» Boileau. » *Loiseau, ibid.*

  — « Platon (ajoute M. de Montesquieu)
» ne peut souffrir cette vénalité. C'est, dit-
» il, comme si, dans un navire, on faisoit
» quelqu'un pilote ou matelot pour son
» argent..... Mais Platon parle d'une répu-
» blique fondée sur la vertu, et nous par-
» lons d'une monarchie ? » — C'est préci-
sément parce que l'excellence de tout gouvernement consiste à forcer, par leur propre
intérêt, les sujets, même les moins vertueux,
de concourir au bien général, en élevant
sur leur tête une puissance qui n'ait d'autre
intérêt réel que le bien public, que la vénalité est plus dangereuse; car elle incorpore
la propriété de l'officier avec la puissance
publique qu'il tient du souverain; ce fut,
parmi nous, l'origine de l'anarchie féodale.
  — « Quand les charges ne se vendroient pas
» par un règlement public, l'indigence et
» l'avidité des courtisans les vendroient
» tout de même. » — Peut-être en seroit-
il ainsi; mais la loi n'autoriseroit pas cet
abus; il se cacheroit, et la seule crainte
d'une disgrâce suffiroit pour le réprimer.

II.   11

— « Le hasard donnera de meilleurs sujets
» que le choix. » — Funeste politique qui
abandonne au hasard la destination aux em-
plois les plus importans de la société. —
« Enfin, la manière de s'avancer par les
» richesses inspire et entretient l'industrie. »
— Mais elle corrompt la nation. Ce fut à la
noble émulation de s'élever par les talens
et par les vertus que nous dûmes, en des
siècles d'ignorance et de barbarie, *les La-
vaquerie, les Lizet, les Montolon,* tant
d'autres magistrats dont les lumières dé-
brouillèrent enfin le chaos de l'anarchie féodale. *La constitution du royaume de France
est si excellente, qu'elle n'a jamais exclu
et n'excluera jamais les citoyens nés dans
les plus bas étages, des dignités les plus
relevées.* (*Matharel, réponse au livre
d'Hotman, intitulé* : FRANCO-GALLIA.)

 Ce fut ainsi que la vénalité et l'hérédité
des offices forma un genre de propriétés
civiles inconnu aux anciens, un immeuble
dont la base productive étoit l'argent fourni
au roi, ou fourni aux représentans du premier acquéreur; car cette propriété ne portoit pas sur la puissance publique, qui ren-
troit dans la main de l'État, par la mort ou

la démission du titulaire, et ne subsistoit
que sur le prix.

Avant l'édit de 1683, concernant les
criées, la finance de l'offfce reprenoit sa
nature mobiliaire par le seul effet des nouvelles provisions, ensorte que les deniers
provenus, même de la saisie-réelle et de
l'adjudication de l'office, dont le titulaire
avoit été contraint, par autorité de justice,
de fournir procuration *ad resignandum*,
et dont il étoit dépossédé par le *soi montré*
des provisions de son successeur, étoient
partagés comme meubles, par contribution
au sol la livre, entre tous ses créanciers,
sans avoir égard à l'ordre des priviléges et
des hypothèques. Telle étoit la disposition
de l'article 95 de notre coutume, abrogée
par cet édit, qui conserva aux créanciers,
sur le prix représeutatif de l'immeuble civil, l'ordre des priviléges et des hypothèques, en accordant toutefois la préférence
à ceux qui avoient fait connoître leur droit,
par leurs oppositions au sceau des provisions du nouveau titulaire, à la charge desquelles ces provisions avoient été scellées.

I.

Division des offices en royaux et seigneuriaux.

..... Si ledit office est royal et la provision prise du roi. *Art.* 35o.

N. B. Ces mots, *et la provision prise du roi ;* car les provisions que les seigneurs donnoient à leurs officiers, n'étoient que de simples commissions. *Voyez le préambule de ce paragraphe.*

II.

Office royal est réputé immeuble.

..... Office vénal est réputé immeuble, et a suite par hypothèque, quand il est saisi sur le detteur par autorité de justice, *par avant résignation admise et provision faite au profit d'un tiers.* Art. 95.

N. B. Quant à la finance, non quant à la puissance publique. *Voyez le préambule de ce paragraphe.*

III.

Les deniers provenans de la vente des offices sont réputés meubles par leur nature.

..... Et toutefois les deniers provenans

de l'adjudication sont sujets à contribution,
comme meubles, entre les créanciers oppo-
sans, qui viennent pour ce regard à décon-
fiture au sol la livre. *Ibid.*

N. B. Cette restriction étoit conforme à la nature
des offices ; mais leur multiplicité, le prix auquel ils
avoient été portés, qui les rendoient souvent le principal objet de la fortune du débitenr, avoient obligé
d'y déroger, par l'édit du mois de février 1683,
comme il a été dit dans le préambule de ce paragraphe.

SECTION TROISIÈME.

Division des choses, eu égard à leur destination et à leur origine.

« Nous avons traité dans le premier
» Livre (disoit Justinien), du droit des
» personnes, considérons maintenant les
» choses. Ou elles font partie de notre pa-
» trimoine, ou elles sont hors de notre pa-
» trimoine. Quelques-unes sont communes
» à tous par le droit naturel, d'autres sont
» publiques, d'autres appartiennent à la
» société entière ; il en est qui n'appar-
» tiennent à personne ; la plupart sont la

» propriété de chacun qui lui est acquise
» à divers titres, ainsi qu'il va être expli-
» qué. » *Superiore libro de jure perso-
narum exposuimus, modo videamus de
rebus, quæ vel in nostro patrimonio vel
extra patrimonium nostrum habentur,
quædam enim naturali jure communnia
sunt omnium, quædam publicæ, quædam
universitatis, quædam nullius, pleraquè
singulorum, quæ ex variis causis cui-
que acquiruntur, sicut ex subjectis appa-
rebit.* Inst. *de Rer. div. in præf.*

Pour réduire cette division à des termes
plus simples, nous distinguerons les choses
considérées du côté de leur destination en
deux classes, celles qui font partie des propriétés particulières et celles qui n'appartiennent à personne; car les choses publiques, celles qui appartiennent à la société entière, celles que la nature a rendues
communes à tous, telles que l'air, la mer,
l'eau des fleuves, doivent être considérées
comme n'étant à personne, quant aux conventions qui transmettent la propriété, et
aux dispositions qui la perpétuent.

Le représentant universel de la chose
publique est le conservateur, le protecteur

essentiel de toutes les propriétés qui appartiennent à la société en général ; les seigneurs l'étoient dans l'étendue de leurs seigneuries.

Nous avons observé, au titre *des personnes*, que les corps et communautés formoient, dans notre ancien droit, des êtres civils qui avoient leurs lois particulières, sujets, dans tout le reste, aux lois générales. Les biens qui appartenoient aux communautés étoient donc distincts, par leur nature, de ceux des particuliers. Enfin, il étoit une division des immeubles inconnue au droit romain, les *propres*, les *acquêts* et *conquêts*. J'ai déjà observé la différence que notre coutume mettoit entre ces mots *acquêts* et *conquêts* ; le premier présentoit l'idée générale d'une propriété, fruit de notre économie, de notre travail, de notre industrie ; le second exprimoit le produit de la collaboration réciproque de deux conjoints par mariage ; distinction peu importante quant à l'objet de cette section.

La faculté de transmettre ses biens, de la génération présente à la génération future, est un bienfait de la loi civile ; car les propriétés n'ayant d'autre destination que de nous procurer les objets de nos jouissances, rentrent dans la communauté générale lorsque nous ne sommes plus en état d'en profiter ; mais le projet de gratifier des personnes qui nous sont chères, de perpétuer notre existence en disposant de nos biens pour un temps dans lequel nous n'existerons plus, excite le travail et l'industrie en flattant la vanité ; il doit donc être favorisé. C'est le plus ou le moins d'étendue que la loi romaine et la nôtre ont donnée à ce principe, qui constituoit la principale différence de notre droit coutumier et du droit romain en cette partie.

La loi romaine remettoit tous ses pouvoirs entre les mains du testateur ; elle le rendoit législateur dans sa famille. *Uti quisque paterfamilias . . . . . legassit, ità jus esto*, disoit la loi des douze tables. Non-seulement le père de famille avoit droit de se choisir un héritier, un représentant universel, successeur en tous ses droits, en toutes ses charges ; mais le testament n'est, dans le droit romain, la véritable disposition de l'homme, *testatio mentis*, qu'autant qu'il renferme cette institution.

Quelques-unes de nos coutumes au contraire, comme Normandie et Bretagne, ne permettoient, dans aucun cas, de déranger, par testament, l'ordre de la succession établi par la loi; le plus grand nombre, telles que la coutume de Paris, qui formoit le droit commun en cette matière, ne portoient pas la sévérité à ce point; elles permettoient de disposer librement des *meubles* et des *acquéts*, c'est-à-dire, des fruits de nos épargnes et de notre travail; mais le titre d'héritier étoit réservé par l'esprit général de notre droit coutumier, à celui en faveur duquel la loi en disposoit, qu'elle *saisissoit*, suivant l'expression de nos coutumes.

Jalouse de la conservation des immeubles dans les familles, la loi municipale réservoit à elle seule la disposition de la plus grande portion des propres, c'est-à-dire des immeubles, que le défunt ne tenoit que de la loi des successions, qui lui avoient été déférées par elle. Le droit de retrait lignager, en cas d'aliénation du propre, étoit une conséquence de cet esprit général de nos coutumes.

Hors ce cas d'exception au droit commun, une liberté presque indéfinie étoit accordée au propriétaire dans les actes entre-vifs ; mais le vœu de la nature avoit introduit une règle qui ne recevoit aucune exception, que *toutes donations faites par les ascendans au profit de leurs descendans, quoiqu'entre-vifs, étoient censées faites en avancement d'hoirie :* ces donations en immeubles formoient donc des propres dont les enfans donataires ne pouvoient disposer, par testament, que suivant les règles prescrites par la coutume.

Nous avons dit que les biens des mineurs ne changeoient point de nature pendant leur minorité ; ainsi le rachat des rentes constituées propres fait aux mineurs, les deniers provenus de la vente de leurs immeubles propres, le remploi en autres héritages ou rentes, étoient des propres dont le mineur, même en âge de tester, ne pouvoit disposer que suivant les règles prescrites par la coutume ; mais cette subrogation n'étoit que momentanée ; elle cessoit dès que le mineur étoit parvenu à la majorité.

La vente qui convertit l'immeuble en deniers, le dénature ; nos anciennes lois ne portoient point la précaution entre majeurs

jusqu'à suivre l'emploi des deniers provenus de la vente du propre; mais l'échange
renferme une subrogation réelle qui ne permettoit pas à la coutume de laisser éluder
sa disposition.

La raison veut que quiconque contracte
une société, soit le maître d'en fixer les
bornes. Ce pouvoir appartient, à plus forte
raison, à ceux qui se lient irrévocablement
par le mariage. Toute convention qui n'est
pas contraire aux bonnes mœurs est autorisée dans ce contrat. Les futurs conjoints
peuvent donc exclure de la communauté
conjugale une partie des biens destinés par
leur nature à en faire partie. Un parent
ou un étranger peuvent imposer cette condition aux donations qu'ils font aux conjoints, qu'ils n'entreront pas en communauté; car chacun est le maître de donner
des lois à sa libéralité. Telles étoient, dans
notre ancien droit, les *stipulations de propres;* mais ces propres fictifs ne l'étoient
que relativement à l'exclusion de la communauté et à ses suites, dans les bornes de
la convention qu'on ne pouvoit étendre au
delà de son objet.

I.

Première division des choses, eu égard à leur destination ; celles qui n'appartiennent à personne et les propriétés particulières.

Choses qui n'appartiennent à personne.

1°. Biens vacans.

Quand le propriétaire, possesseur d'aucun héritage, va de vie à trépas, *sans hoirs apparens*, le haut-justicier, en la justice duquel les héritages sont assis, peut, et lui est loisible, iceux héritages *vacans et non occupés*, saisir et mettre en sa main. *Art.* 167.

2°. Biens confisqués.

Qui confisque le corps, il confisque les biens. *Art.* 183. *Art. sec.* 5.

3°. Epaves.

Et sera tenu ledit seigneur haut-justicier dénoncer et publier, ès lieux accoutumés à faire cris et proclamations..... lesdites *épaves.* Art. sec 9.

4°. Lieux publics.

..... Lieux accoutumés à faire cris et pro-

clamations...... chemins et voiries publiques.
Ibid , 17.

5°. Trésor.

Trésor caché d'ancienneté et de temps immémorial....*Art. sec.* 10. Voyez ci-après, *sect. IV*.

II.

Subdivision des propriétés particu-lières en *meubles, acquéts, conquéts, et propres.*

Homme et femme conjoints par mariage sont communs en tous biens, meubles et *conquéts immeubles, faits durant et cons-tant le mariage.*

Rachat d'une rente due par l'un des con-joints, ou sur les héritages propres de l'un des conjoints.

Quand aucune rente due par l'un des conjoints par mariage, ou sur ses héritages par avant leur mariage, est. rachetée par lesdits deux conjoints, ou l'un d'eux, cons-tant ledit mariage, *tel rachat est réputé conquét.*

Et est tenu l'héritier ou détenteur de l'hé-ritage sujet à la rente, continuer la moitié de la rente et payer les arrérages, du jour du décès, jusqu'à l'entier rachat. *Art.* 244 et 245.

III.

Définition du propre, un immeuble échu par succession.

Quand aucun a vendu..... son propre héritage..... *venu et échu par succession.....* Art. 129.

Exemples.

1°. La moitié des conquêts de la communauté advenus aux héritiers du trépassé.

2°. Les immeubles donnés par les père et mère à leurs enfans. *Meubles ou immeubles donnés par père ou mère à leurs enfans, sont réputés en avancement d'hoirie.* Art. 278.

IV.

Propres de subrogation.

1°. Les deniers provenus du rachat des rentes appartenantes à des mineurs, ou le rachat d'iceux, pendant la minorité. ..... Au cas que celles (les rentes) qui appartiennent à mineurs, soient rachetées pendant leur minorité, *les deniers du rachat ou le remploi* d'iceux en rentes ou héritages, *sont censés de même nature et qualité que les rentes ainsi rachetées.* Art. 94.

2°. L'échange d'un immeuble propre contre un autre.

Quand aucun a échangé son propre héritage à l'encontre d'un autre héritage, *ledit héritage est propre* à celui qui l'a eu par échange. *Art.* 143.

V.

Propres de subrogation.

Premier exemple, somme de deniers donnée par ascendans à leurs enfans, à la charge qu'elle n'entrera pas en communauté.

Somme de deniers donnée par père, mère, aïeul ou aïeule, ou autres ascendans à leurs enfans, en contemplation de mariage, pour être employée en achat d'héritage, encore qu'elle n'ait été employée, *est réputée immeuble,* à cause de sa destination. *Art.* 93.

Distinction des meubles, acquêts et propres de communauté. *Voyez* ci-dessus, n°. 1.

N. B. Il en seroit de même, si la donation étoit faite par tout autre qu'un ascendant, sous la même condition; car chacun est le maître d'imposer telles conditions qu'il veut à sa libéralité.

Second exemple, chose immeuble donnée à l'un des conjoints pendant le mariage, *à la charge qu'elle lui sera propre.*

Chose immeuble *donnée à l'un des conjoints pendant leur mariage, à la charge qu'elle sera propre au donataire,* ne tombe en communauté. *Art.* 246.

SECTION QUATRIÈME.

Analyse de quelques paragraphes du titre des instituts de rerum divisione ; suivie de l'exposé des changemens que l'anarchie féodale avoit introduits parmi nous, et des dispositions du nouveau code.

« Il est des choses qui par le droit natu-
» rel sont communes à tous, d'autres qui
» sont publiques, quelques-unes qui appar-
» tiennent à des corporations (c'est ainsi
» que j'ai cru devoir traduire le mot *uni-
» versitatis* qui se trouve dans le texte, m'at-

» tachant plutôt au sens qu'aux paroles);
» d'autres à personne; le plus grand nombre
» aux particuliers, qui leur sont acquises
» de différentes manières. » *Inst. Liv.* 26.
§. Ier. (1)

Je ne suivrai pas les rédacteurs des Instituts dans les détails dans lesquels ils entrent d'après cette division générale.

Ils renferment un grand nombre d'objets que nos législateurs se proposent de traiter en des titres particuliers.

Bornons-nous, quant à présent, à ceux que la nature même indique, ou qui tiennent à ce démembrement, à cette seigneurie directe, distincte du domaine utile, à ces droits utiles de la haute-justice, comme ils le nommoient, que sur la fin de la deuxième dynastie de nos rois, les grands vassaux de la couronne étoient parvenus à annexer à leurs domaines qu'ils avoient rendus héréditaires; comme « s'il y eut jamais homme
» assez dépourvu de jugement que de sou-
» tenir, en termes de droit ou de police,
» que la propriété de la justice et du droit

_____

(1) Voyez ci-dessus le texte latin en tête de la section seconde de ce titre.

II.   12

» de glaive puisse appartenir à un parti-
» culier..... » Loiseau, *de l'Abus des Justices de village.*

I.

Propriétés communes à tous par le droit naturel.

« Par le droit naturel ces choses sont
» communes à tous, l'air, l'eau courante,
» la mer, et conséquemment les rives de
» la mer... »

*Et quidem naturali jure communia sunt
omnium hæc : aer, aqua profluens, et
mare et per hoc littora maris.....* Inst. *de
rerum div.* §. I.

« Les biens qui n'ont point de maître
» appartiennent à la nation (et conséquem-
» ment au gouvernement qui la représente. »)
Code civil, Liv. III, loi Ire., n. 3.

N. B. Cette règle est de tous les temps, de tous les
lieux ; et néanmoins, par l'effet du démembrement
que l'anarchie féodale avoit occasionné parmi nous,
toute eau courante n'étoit pas censée appartenir au
représentant unique et héréditaire de la nation ; mais
seulement les fleuves, les rivières navigables, comme
les grandes routes ; les rivières non navigables, les
routes de communication de village à village, appar-

fenoient au seigneur haut justicier, comme représentant de la chose publique dans l'étendue de sa
juridiction.

« Il est des choses qui n'appartiennent à
» personne, et dont l'usage est commun
» à tous. » *Ibid, n.* 4.

N. B. La nouvelle loi confond ici les choses communes à tous avec celles que le paragraphe des Instituts nomme *res nullius ;* « les choses qui n'appar-
» tiennent à personne. » Nous en indiquerons la
distinction plus subtile que réelle.

« Des lois de police règlent la manière
» d'en jouir. » *Ibid.*

C'est ce qu'indique le surplus du §.

« Personne n'est empêché de s'approcher
» du rivage de la mer, pourvu toutefois
» qu'il s'abstienne de toucher aux maisons
» et aux monumens et édifices publics ; car
» leur usage n'appartient pas au droit des
» gens, comme la mer. »

*Nemo igitur ad littus maris accedere
prohibetur ; dum tamen à villis et monu-
mentis et ædificiis abstineat ; quia non
sunt juris gentium, sicut et mare. Inst.
Ibid.*

« Le rivage de la mer s'étend aussi loin

» que les plus grandes marées d'hiver. »
(c'est-à-dire, de l'équinoxe d'automne.)

Et autem littus maris, quatenus hybernus fluctus maximus excurrit. Inst. *Ibid,* §. 3.

II.

Les choses publiques sont tout ce qui contribue à la commodité des cités, comme les théâtres, les cirques, et autres objets semblables, communes à tous ceux qui habitent ou fréquentent les cités.

Universatis sunt non singulorum quœ in civitatibus sunt, theatra, stadia, et his similia, et si quœ alia sunt communia civitatum. Ibid, §. 6.

III.

Les choses qui n'appartiennent à personne, sont les choses sacrées, religieuses et saintes; car ce qui tient au droit divin, n'est dans les biens de personne.

Nullius sunt res sacræ et religiosæ et

sanctæ; quod enim divinum est, id nullius in bonis est. Ibid, §. 7.

Tous les anciens peuples ont regardé les choses sacrées comme la propriété, non des hommes, mais de la divinité.

Ainsi la culture des terres voisines de Cyrrha, au pied du Mont Parnasse, consacrées à Diane, fut, sinon la cause, au moins le prétexte dont se servirent les Amphyctions, pour commencer la guerre sacrée. *Voyez* la harangue d'Eschine contre Cthésiphon.

Ainsi l'infâme Clodius, en obtenant, par ses intrigues, le bannissement de Cicéron, avoit fait consacrer sa maison, pour qu'elle ne pût, dans aucune circonstance, lui être rendue. L'éloquence du consul qui avoit découvert et réprimé la conspiration de Catilina, origine de la haine que lui portoit Clodius, l'emporta; le décret fut révoqué. *Voyez* Cicéron, *pro domo suâ.*

Dans nos anciennes lois, l'église étoit considérée comme un corps politique et sacré, dont le pape et les évêques étoient les chefs. Ses biens, ainsi que ceux des monastères et des autres corporations ecclésiastiques, dus à la piété de nos rois, des seigneurs de fiefs, des citoyens qui avoient fondé ou enrichi ces corporations saintes, étoient placés sous la garde des deux puissances; inaliénables, si ce n'est par le concours des deux autorités civile et ecclésiastique, pour subvenir aux plus instantes nécessités, ou pour l'avantage constaté judiciairement de l'Eglise et de l'Etat.

Loin de fouiller les tombeaux pour en tirer cet or qu'ils convoitoient, on nommoit religieux les lieux consacrés par la sépulture d'un mort ; *religiosum locum unusquisque suâ voluntate facit, dum mortuum infert in locum suum.* Ibid, §. 9.

« Les murs, les portes des villes étoient
» saints, à cause des cérémonies religieuses
» qui avoient accompagné leur fondation, et
» de la peine de mort qui étoit *sanctionnée*
» contre ceux qui y commettroient des délits;
» car c'est l'étymologie du mot *sanctus;*
» pourquoi nous nommons *sanction* la par-
» tie de la loi qui prononce la peine contre
» les contrevenans. *Sanctæ quoque res,*
» *veluti muri et portæ civitatis quodam*
» *modo divini juris sunt; et ideo nullius*
» *in bonis sunt. Ideo autem sanctos muros*
» *dicimus, quia pœna capitis constituta est*

» *in eos qui aliquid in muros deliquerunt.*
» *Ideo et legum eas partes, quibus pœ-*
» *nas constituunt adversus eos qui contra*
» *leges fecerunt, sanctiones vocamus.* »
Ibid, §. 10.

Le nouveau code comprend toutes ces distinctions en une seule ligne. « Les biens » qui n'ont point de maître appartiennent » à la nation. » *Ibid, art.* 3.

Passons à des objets qui tiennent plus spécialement à ce domaine *utile* de toutes les choses laissées en commun, *directe,* pour me servir de l'expression des feudistes, sur les propriétés qu'une ancienne possession attribuoit aux seigneurs hauts – justiciers.

I V.

Droit de pêche et de chasse.

« Tous les fleuves, tous les ports sont » publics ; et par cette raison, le droit de » pêche dans le port et dans les fleuves est » commun à tous. »

Flumina autem omnia et portus publica sunt; ideoque jus piscandi commune est in portu fluminibusque. Inst. *Ibid,* §. 2.

Nous avons vu la distinction que notre ancien droit mettoit entre les rivières navigables , qui appartenoient au souverain comme représentant de la chose publique, et les rivières non navigables dont les seigneurs particuliers prétendoient, au même titre, la propriété. Quant aux ruisseaux et autres eaux courantes, on n'a jamais contesté cette propriété aux possesseurs des héritages sur lesquels ces eaux passent, et des lois particulières, que nous exposerons en leur temps, régloient l'usage de ce bienfait de la nature, de manière à empêcher le propriétaire de le détourner au préjudice de ses voisins.

« Les bêtes sauvages, les oiseaux, les
» poissons et tous les animaux qui naissent
» dans la mer, au ciel et sur la terre, sont,
» par le droit des gens, la propriété du
» premier occupant ; et peu importe que
» ces bêtes sauvages aient été prises par le
» chasseur sur son terrein ou sur celui d'au-
» trui. Cependant celui qui entre sur le ter-
» rein d'autrui, soit pour chasser, soit pour
» tendre des piéges aux oiseaux, peut en
» être empêché par le propriétaire, s'il l'a
» prévu Et néanmoins tout ce que tu auras
» pris sera tien , tant qu'il sera retenu sous ta

» garde. Mais s'il échappe et recouvre sa
» liberté naturelle, il cesse d'être tien, et
» redevient la proie du premier occupant.
» Il est censé avoir recouvré sa liberté
» naturelle, lorsqu'il a fui de tes yeux, ou
» qu'il s'est placé sous tes yeux, de telle
» manière qu'il te soit difficile de l'at-
» teindre. »

*Feræ igitur bestiæ et volucres et pis-
ces et omnia animalia, quæ mari, cœlo
et terrâ nascuntur, simul atque ab aliquo
capta fuerint, jure gentium statim illius
esse incipiunt. Quod enim ante nullius
est, id naturali ratione occupanti conceditur. Nec interrest feras bestias et volucres utrum in suo fundo quis capiat, an
in alieno; planè qui alienum fundum ingreditur venandi, aut aucupandi gratiâ,
potest a domino, si is præviderit, prohiberi ne ingrediatur. Quidquid autem cœpe-
ris eo usque tuum esse intelligitur, donec
tuâ custodiâ coercetur. Cum vero tuam
evaserit custodiam, et in libertatem naturalem sese receperit, tuum esse desinit,
et rursus occupantis fit; naturalem autem
libertatem recipere intelligitur, cum vel oc-
culos tuos effugerit, vel ita sit in conspectu*

tuo, ut difficilis sit ejus persecutio. Inst. *Ibid,* §. 12.

Substituez à cette propriété du premier occupant, la prétention absurde, mais appuyée par une possession ancienne des seigneurs de fiefs, chacun dans leur ordre, d'être propriétaires de tout ce qui n'appartient à personne par un titre particulier, même de ce qui vit dans les eaux, de ce qui vole dans les airs, lorsqu'il est saisi sur leurs territoires, et vous trouverez dans le texte des Instituts tous les principes de notre droit ancien sur la pêche et la chasse, tant dans les pays coutumiers que dans les pays de droit écrit; car, bien que d'une manière différente en quelques points, l'anarchie féodale y avoit étendu son empire.

Point de liberté de pêcher dans les rivières navigables, sans l'autorisation du souverain; dans les rivières non navigables sans celle des seigneurs hauts-justiciers; car ils étoient censés propriétaires.

La chasse fut considérée, parmi nous, comme l'exercice de la noblesse. De là les règlemens sévères qui assuroient aux seigneurs ce privilége exclusif. Le continuateur de l'histoire de l'abbé Vély, règne de

François 1er., nous en fournit un exemple remarquable dans une ordonnance de ce prince envoyée au parlement de Paris, en 1517, en même temps que le concordat. Ici la raison d'état l'emporta, malgré la résistance des magistrats et les préjugés du siècle; là, l'équité prévalut. « Il sera remontré au roi,
» (disoit le parlement) que les articles de
» cette ordonnance (sur la chasse) attaquent
» la sûreté et gênent la liberté de ses fidèles
» sujets, qui paient la taille et portent le
» fardeau de l'Etat; qu'ils livrent une classe
» d'hommes si précieuse aux extorsions et
» aux rapines de quelques préposés, plus
» attentifs à leurs profits particuliers qu'au
» bien général de la société. Que le roi sera
» supplié de s'en tenir aux anciennes or-
» donnances, lesquelles seront suffisantes,
» si on en réforme les abus. »

L'ordonnance de Louis XIV, de 1669, les modifioit, en autorisant le seigneur haut-justicier, comme représentant de la chose publique, dans l'étendue de sa haute-justice (suivant l'opinion du temps) à chasser sur toute l'étendue de son territoire, pourvu que ce fut en personne, afin de ne pas troubler la possession des propriétaires de fiefs, ses vassaux.

Qui alienum fundum ingreditur potest prohiberi. « Celui qui entre sur le terrein » d'autrui en peut être empêché. »

Violer les clôtures ne fut donc jamais un droit, mais un abus.

« Entendons (porte l'article 108 de l'or- donnance d'Orléans, rendue sur le vœu des états-généraux) » maintenir les gentils- » hommes dans leur droit de chasse, *pourvu* » *que ce soit sans dommage d'autrui.* »

L'article 18 de l'ordonnance de 1669 dé- fendoit « *à tous gentilshommes ou autres* » *ayant droit de chasse, de chasser à* » *pied ou à cheval, avec chiens ou oi-* » *seaux, sur terres ensemencées, depuis* » *que le bled est en tuyau, et dans les* » *vignes, depuis le premier mai jusqu'à* » *la dépouille, à peine de privation de* » *chasse,* 500 *liv. d'amende, et de tous* » *dépens, dommages et intérêts envers* » *les propriétaires et usufruitiers.* »

Sous le règne de l'égalité de droits, ne se- roit-ce pas un inconvénient de permettre in- différemment à tout le monde le port d'armes?

C'est donc avec justice que le nouveau

code civil nous promet une loi sur cette matière.

« La faculté de chasser et de pêcher est
» également réglée par des lois particu-
» lières. » *Ibid*, n. 5.

V.

Des pigeons, du colombier à pied et à boulins, des moulin, four, pressoir bannaux ; de la confiscation, de la déshérence, des épaves et autres droits qui tiennent au domaine et à la police, que les hauts-justiciers s'étoient attribués par une suite du même démembrement.

« La nature des paons et des pigeons est
» sauvage ; il n'importe qu'ils contractent
» aisément l'habitude de s'envoler et de re-
» venir ; car les abeilles dont on ne doute
» pas que la nature ne soit sauvage, le font
» aussi. Il est aussi des cerfs tellement ap-
» privoisés, qu'ils contractent l'habitude
» d'aller dans la forêt et de revenir ; et ce-
» pendant, personne ne conteste que leur
» nature ne soit sauvage. Or telle est la
» règle approuvée par les jurisconsultes

» pour ces animaux qui ont coutume d'al-
» ler et de revenir, qu'ils soient considérés
» comme ta propriété, tant qu'ils conservent
» l'intention de revenir; car s'ils cessent
» d'avoir l'intention de revenir, ils cessent
» d'être tiens, et deviennent la propriété
» du premier occupant; or ils paroissent
» avoir perdu l'esprit de retour, quand ils
» ont perdu l'habitude de revenir. »

Pavonum quoque et columbarum fera natura est; nec ad rem pertinet quod ex consuetudine evolare et revolare soleant; nam et apes id faciunt quorum constat feram esse naturam. Cervos quoque quidam ita mansuetos habent ut in sylvam ire et redire soleant; quorum et ipsorum feram esse naturam nemo negat. In iis autem animalibus quæ ex consuetudine abire et redire solent, talis regula comprobata est, ut eo usque tua esse intelligantur, donec revertendi animum habeant; nam si revertendi animum habere desierint, etiam tua esse desinunt, et fiunt occupantium. Revertendi autem animum videntur desinere habere tunc, cum revertendi consuetudinem deseruerint. Inst. *Ibid.* §. 15.

C'est pour faire contracter aux pigeons cette habitude, que l'industrie humaine éleva de vastes tours, plus commodes et plus sûres pour y déposer leurs petits que le creux des arbres ou les cavités des rochers ; que des lois sévères défendirent, dans notre ancien droit, d'attenter à la vie de ces oiseaux, dont la propriété, comme celle de tous les animaux qui n'ont point de maître, étoit censée appartenir au possesseur de fiefs ; non sans inconvénient pour les cultivateurs des terreins environnans.

Aussi notre coutume exigeoit-elle que le seigneur *haut-justicier*, pour avoir *colombier à pied et à boulins*, suivant l'expression de la coutume, *eût censive ;* c'est-à-dire, qu'il conservât le *domaine direct* sur les terres dont il auroit concédé le domaine utile à la charge d'un cens représentatif de l'ancienne propriété universelle du territoire de sa haute-justice, que le seigneur *non haut-justicier* eût non-seulement *censive*, mais un domaine de cinquante arpens.

« Le seigneur non haut-justicier *qui a* » *censive*, peut avoir colombier à pied » ayant boulins jusqu'au rez-de-chaussée. » *Coutume de Paris.* Art. 69.

« Aussi le seigneur non haut-justicier,
» *ayant fief, censive et terres en domaine,*
» jusqu'à cinquante arpens, peut avoir co-
» lombier à pied. » *Ibid, art.* 70.

Les lois de la nature ne changeoient pas ces dispositions, mais le droit du cultivateur, du censitaire, (car on tenoit dans notre coutume que *nulle terre sans seigneur*) se réduisoit à quelques volières, foibles appâts à ces animaux, si vous les comparez aux édifices que le despote territorial élevoit pour les attirer.

Nous parlerons ailleurs des moulins, fours, pressoirs bannaux, quelquefois vestiges de l'ancienne tyrannie féodale qui s'approprioit tout; quelquefois l'exécution de conventions pleines de justice entre les enfans et le père de famille, qui ayant élevé à grands frais ces édifices, pour faciliter les travaux et la subsistance des siens, avoit eu le droit d'imposer à sa concession la condition du droit exclusif de fournir à leurs besoins; distinction que la tourbe tumultueuse n'a pas faite, lorsqu'avec ses millions de bras elle a renversé tous ces monumens de l'antique féodalité.

VI.

Confiscation.

« Le haut-justicier a droit de confisca-
» tion de biens-meubles et héritages étant
» en sa justice, sinon pour crime de lèze-
» majesté divine et humaine, et fausse mon-
» noie; auxquels cas les biens confisqués
» appartiennent au roi seul. » *Art. sec.* 4.

N. B. C'est une suite de cé domaine direct que les
seigneurs hauts-justiciers s'étoient attribués de tout
ce qui, dans le territoire de leurs hautes-justices,
n'appartient à personne.

VII.

Droit de déshérence ; épaves.

« Quand le propriétaire d'aucun héritage
» va de vie à trépas, sans hoirs (héritiers)
» apparens, le haut-justicier en la justice
» duquel lesdits héritages sont assis, peut
» et lui est loisible iceux héritages vacans,
» et non occupés, saisir et mettre en sa
» main. » *Cout. de Paris.* Art. 167.
« Aussi appartient au haut-justicier les
» déshérences et biens vacans étant en sa

» justice.... et *épaves* trouvées en icelle.... »
Art. sec. 7.

« Et sera tenu ledit seigneur haut-jus-
» ticier faire dénoncer et publier, ès lieux
» accoutumés à faire cris et publications,
» par trois dimanches consécutifs, lesdites
» épaves ; et si , dans quarante jours
» après la première publication, celui à
» qui elles appartiennent vient les deman-
» der, lui doivent être rendues , *en payant*
» *la nourriture et frais de justice;* et ledit
» temps passé appartiennent au haut-jus-
» ticier. » *Ibid , art.* 9.

N. B. Vieux mot que le Dictionnaire Encyclopé-
dique fait dériver du latin *expavescere* , comme qui
diroit *animaux effarouchés ;* car la vie pastorale
fut , dans tous les pays, la première occupation des
hommes.

Sous un autre point de vue, il comprend
tous les objets dont le propriétaire est inconu-
nu ; tels que les effets jetés à la mer et repê-
chés, ou ceux que la mer rejette sur ses bords,
les plantes et herbages qui y croissent, les
choses perdues dont le maître ne se représente pas.

Tous ces droits étoient la conséquence
du démembrement de la monarchie par

l'anarchie féodale. Ils rentrent donc dans la main de la nation et du gouvernement qui la représente, et néanmoins exigent des règles de police particulières.

« Les droits sur les effets jetés à la mer,
» sur les objets que la mer rejette, de quel-
» que nature qu'ils puissent être, sur les
» plantes et herbages qui croissent sur les
» rivages de la mer, sont réglés par des
» lois particulières.

» Il en est de même des choses perdues
» dont le maître ne se représente pas. »
Code civil, Liv. III, loi Ire. n. 7.

VIII.

Trésor.

« Le trésor est toute chose cachée ou
» enfouie, sur laquelle personne ne peut
» justifier de sa propriété, et qui est dé-
» couvert par l'effet du hasard. » *Code civil,
ibid, art.* 6.

*Thesaurus est vetus quædam deposi-
tio pecuniæ cujus non extat memoria, ut
jam dominum non habeat : sic enim fit
ejus qui invenerit, quod non alterius sit.
Alioquin si quis vel lucri causá, vel me-*

*tus , vel custodiæ , condiderit sub terra,
non est thesaurus : cujus etiam furtum
fit. L. 31. §. 1. dig. de adq. rer. dom.*

« Le trésor est un ancien dépôt d'argent
» (ou de toute autre chose précieuse) dont
» il n'existe plus de souvenir ; en sorte que
» cet or n'ait plus de maître ; ce qui fait
» qu'il appartient à l'inventeur. Mais si
» quelqu'un ou par avarice, ou par crainte,
» ou dans le dessein de le garder plus sû-
» rement, a enfoui son argent, ce n'est
» plus un trésor ; et celui qui l'enlève com-
» met un vol. »

L'inventeur a donc le premier droit ; car
sans sa découverte, ce dépôt seroit de-
meuré enfoui ; mais le propriétaire du fond
vient après, s'il n'est le même que l'inventeur ; car la propriété d'un immeuble consiste dans toute la profondeur du sol, et
toute l'élévation de la superficie. Si le propriétaire tient son droit de ses pères, si
plusieurs générations le lui ont transmis,
il existe une présomption légale que l'un
de ses ancêtres est l'auteur du dépôt ; s'il est
nouvel acquéreur, la présomption ne peut
plus être opposée ; mais le droit de propriété n'est pas moins réel.

Thesauros quosquis in loco suo inve-
nerit, D. Adrianus, naturalem æquita-
tem secutus ei concessit cui eos invenerit.
Idemque statuit, si quis in sacro aut re-
ligioso loco, fortuito casu, invenerit. At
si quis in alieno loco, non datâ ad hoc
operâ, sed fortuito invenerit, dimidium
domino soli concessit, et dimidium in-
ventori, et convenienter si quis in Cæsaris
loco invenerit, dimidium inventori et dimi-
dium esse Cæsaris statuit. Cui conveniens
est; ut si quis in fiscali loco, vel publico
vel civitatis invenerit, dimidium ipsius
esse debeat, et dimidium fisci vel civitatis.
Inst. *Ibid*, §. 39.

« Les trésors que quelqu'un trouve dans
» son champ, l'empereur Adrien, guidé
» par l'équité naturelle, les a donnés à l'in-
» venteur; et de même s'ils ont été trouvés,
» par cas fortuit, dans un lieu sacré ou reli-
» gieux (car la propriété de ces lieux n'ap-
» partient à personne, comme il a été dit);
» mais si ce trésor a été trouvé dans le do-
» maine d'autrui, par cas fortuit, non par
» des recherches criminelles (car ce seroit
» un vol), le même empereur en accorde
» moitié au propriétaire du sol, moitié

» à l'inventeur; s'il a été découvert dans
» le domaine de César, César en aura la
» moitié, l'inventeur l'autre moitié; et par
» une conséquence nécessaire, si ce trésor
» a été trouvé sur un terrein fiscal ou pu-
» blic, ou sur le domaine d'une ville, la
» moitié en appartient à l'inventeur, l'autre
» moitié au fisc ou à la ville. »

Admirable décision, dans notre ancien droit, pour en attribuer la moitié au seigneur haut-justicier, même dans le cas où ce trésor auroit été trouvé, par un tiers, sur son propre terrein; car si le propriétaire avoit le domaine utile, le seigneur, dans notre anarchie féodale, conservoit le domaine direct, à moins qu'il ne fut lui-même l'inventeur, et qu'il n'eut découvert le trésor dans son domaine.

Telle étoit en effet notre jurisprudence, à quoi se joignoient ces droits royaux que nos rois, comme *grands fieffeux*, avoient établis sur ces bonnes fortunes, sorte de contribution la moins onéreuse de toutes. Heureux si sa perception eût été plus fréquente et plus utile !

Le nouveau code rétablit les principes dans toute leur simplicité.

« La propriété d'un trésor appartient à
» celui qui le trouve dans son propre fond:
» si le trésor est trouvé dans le fond d'au-
» trui, il appartient pour moitié à celui
» qui l'a découvert, et pour l'autre moitié au
» propriétaire du fond. » *Code civil, ibid.*

I X.

Comment s'acquiert la propriété?

« Par accession, par incorporation, par
» prescription. » *Code civil, ibid,* art. 1er.

Il ne peut être ici question de prescription.

Elle est le titre de ceux qui n'en ont pas,
et n'en est pas moins respectable quand elle
est accompagnée de bonne foi ; sauve-garde
de la tranquillité publique, le plus solide
fondement des empires.

L'accession, l'incorporation sont la matière de plusieurs §§. de ce titre des Instituts : *De fœtu animalium.* §. 19. « du croît
» des animaux. » *De alluvione.* §. 20. « de
» l'alluvion. » *De insulá.* §. 22. « d'une île
» nouvelle. » *De alveo.* §. 23. « du change-
» ment de lit d'un fleuve. » *De inundatione.*
§. 24. « de l'inondation. » *De specificatione.*
§. 25. « du changement d'espèce par l'art de

» l'homme, etc. etc. etc. » Tous objets qui seront sans doute l'objet de la surveillance de nos législateurs.

Passons à des points de vue plus généraux.

« La propriété des biens s'acquiert et se » transmet par succession, par donation » entre-vifs et testamentaire, ou par l'effet » des obligations. » *Code civil, ibid.*

Domat a traité des contrats, des obligations, des donations entre-vifs, qui sont un contrat, avant de passer aux successions légitimes et testamentaires, parce que ce savant jurisconsulte a considéré les biens dans la main du propriétaire, avant d'envisager leur transmission de la génération présente à la génération future.

Un autre ordre a été prescrit par les circonstances.

Nous nous y attacherons, et pour éclairer plus complètement le vaste terrein que nous avons à parcourir, nous suivrons pas à pas nos législateurs dans les lois concernant *les suscessions, et les donations entre-vifs et testamens*

ANALYSE RAISONNÉE

DU

DROIT FRANÇAIS.

DEUXIÈME PARTIE.

SUITE DU TITRE V.

Supplément au titre DES CHOSES, d'après le nouveau Code.

De la distinction des biens, et des diverses modifications de la propriété.

Je joins, à l'exemple des instituts de Justinien (1), ces deux objets, à cause de leur liaison intime, bien qu'ils forment, dans le nouveau code, deux titres séparés.

« L'ignorance et l'incuriosité, (dit un

______

(1) *De rerum divisione et acquirendo ipsorum dominio.*

» prétendu sage du dix-huitième siècle (1))
» sont deux oreillers fort doux ; mais pour
» les trouver tels, il faut avoir la tête aussi
» bien faite que Montagne. »

L'auteur de cette pensée oublie que le
sceptique Montagne, dans le lieu même
qu'il cite (2), n'accumule les doutes et les
erreurs de tous les siècles des philosophes
de l'antiquité ; ne dégrade, par mille faits,
les uns vrais, les autres fruits de la crédu-
lité populaire, l'âme humaine, jusqu'à la
placer au-dessous de l'instinct de la bête,
que pour montrer à l'homme son impuissance d'atteindre à la vérité, s'il n'est éclairé
d'en haut.

(3) « De toutes les opinions humaines et
» anciennes touchant la religion, celle-là
» me semble avoir eu plus de vraisemblance,
» qui reconnoissoit Dieu comme une puis-
» sance incompréhensible, origine et con-
» servatrice de toutes choses, toute bonté,
» toute perfection... (4) » — « O la vile chose

<hr>

(1) Diderot, *Pensées philosophiques*, n°. XXII.
(2) Apologie de Raimond Sebond.
(3) *Ibid.* tome II, page 233, édit. de Didot.
(4) *Ibid*, pages 279 et 280.

« (dit Sénèque) et abjecte que l'homme,
» s'il ne s'élève au-dessus de *humanité !*
» Voilà un bon mot et un utile désir ; mais
» pareillement absurde : car, de faire la poi-
» gnée plus grande que le poing ; la brasse
» plus grande que le bras, et d'espérer en-
» jamber plus que l'étendue de nos jambes,
» cela est impossible et monstrueux.... Il
» (l'homme) s'élèvera, si Dieu lui prête
» extraordinairement la main....... C'est à
» notre foi chrétienne, non à la vertu stoï-
» que, de prétendre à cette divine et mira-
» culeuse métamorphose. »

Avec quelle bonne foi, nos prétendus
sages, qui recueillent avec avidité jusqu'aux
rêves du sceptique périgourdin, gardent-ils
le silence sur ces effusions que l'étude de
lui-même en obtient, comme malgré lui !

(1) « Le moyen de vivre heureux, sans
» savoir qui l'on est, d'où l'on vient, où
» l'on va, pourquoi on est venu !.... Je me
» pique d'ignorer tout cela, sans être plus
» malheureux, répond froidement le scep-
» tique. »

____

(1) Pensées philosophiques, n°. XXIII.

Insensé! qui ne voit pas combien cette réponse est en contradiction avec le doute universel qu'il affecte! car cette incurie ne seroit pas dans la nature, si elle ne supposoit dans celui qui s'en targue, la persuasion d'un total anéantissement; et dans le même temps qu'il vante ces oreillers si doux, l'ignorance et l'incuriosité, il erre sans cesse dans le labyrinthe ténébreux des premiers principes des êtres, démontrés inaccessibles à la raison humaine, se fatigue pour gravir dans les sentiers raboteux d'un mont si élevé qu'il nous est impossible d'espérer d'atteindre à son sommet lumineux; il nous accable sous le poids de ces révolutions qu'il suppose que des êtres fantastiques ont éprouvées, dans un temps où l'homme n'existoit pas encore.

O combien plus sage, plus adapté à nos besoins, est cet historien du monde, ce législateur des juifs, ce Moïse, à qui vous refusez l'inspiration divine!

Celui qui est par essence, a donné l'être à tout ce qui existe.

Il eût pu, d'une seule parole, débrouiller le chaos; il l'a fait en six jours, six époques, *Spatia temporum*, pour parler le langage de Saint Augustin (1), par l'effet, peut-être, d'une seule loi physique, la loi de l'attraction et de l'impulsion.

Parvenu au couronnement de son œuvre, l'homme qu'il a créé à son image, qui régit, par sa volonté, la machine organique qui lui est unie, comme l'être infini régit tous les êtres : il se complaît dans son ouvrage.

De ce moment, l'écrivain sacré n'abandonne plus le genre humain, tout composé de frères issus d'une même tige, fils d'Adam et de sa belle compagne. Heureux, libres, tout puissans autant que leur condition pouvoit le permettre, si les auteurs de leurs jours se fussent soumis volontairement à la guide légère de l'être infini ; mais ils prêtent l'oreille à la voix du séducteur, qui leur crie (2) : *Eritis sicut Dii, scientes bonum et malum.* « Vous serez comme des dieux, » sachant le bien et le mal. »

De ce moment, Dieu les livre à cette liberté indéfinie qu'ils ont convoitée. Delà les contradictions que nous apercevons en nous, et de la même source découlent les pre-

____

(1) *De Genesi ad litteram. Cap.* 17.
(2) Genèse, chap. III, vol. 5.

miers arts, les premières propriétés (1).
« Tu mangeras ton pain à la sueur de ton
» front, jusqu'à ce que tu retournes dans la
» terre, dont tu as été tiré. » *In sudore
vultus tui vesceris pane, donec revertaris
in terram unde sumptus es.*

Adam a deux enfans (2) ; *Abel*, pasteur ;
Caïn, cultivateur : l'un errant çà et là comme
les patriarches, suivi de ses nombreux troupeaux ; l'autre attaché à la glèbe, et néanmoins forcé, par le meurtre de son frère,
d'abandonner le père commun, pour porter, dans les contrées voisines, déjà peu-
plées par les générations successives qui s'é-
coulent pendant la longue vie des patriarches, les fruits de son industrie.

La possession est le titre des premières
propriétés ; l'une mobiliaire, le croît immense des troupeaux ; l'autre territoriale.
Pourquoi les frères de l'homme industrieux,
dont les travaux ont fertilisé une terre aride,
qui s'est procuré, par son industrie, une
retraite plus commode que les antres des rochers, la lui envieroient-ils, s'il n'abuse pas

------

(1) Genèse, *ibid*, v. 19.
(2) *Ibid*, chap. IV, v. 2.

de ces avantages pour tendre des embûches à ses semblables, pour usurper sur eux un pouvoir tyrannique, s'il y donne asile à l'infortuné, s'il lui abandonne le superflu de ses richesses ? Cet exemple n'excitera-t-il pas entr'eux une utile émulation ?

Ce n'est que sous le huitième descendant d'Adam, Tubalcaïm, que le fer et l'airain, arrachés aux entrailles de la terre, sont employés aux besoins de l'homme. « Celui-ci » maniale marteau, et fut savant dans tous » les ouvrages de fer et d'airain. » *Qui fuit malleator et faber in cuncta opera æris et ferri.* Genèse, ch. IV, v. 12.

Cette paix, ces arts, qui multiplient les jouissances de l'homme, n'agréent pas au citoyen de Genève.

(1) « Le premier, dit-il, qui, ayant enclos » un terrain, s'avisa de dire : *Ceci est à* » *moi*, et trouva des gens assez simples » pour le croire, fut le premier fondateur » de la liberté civile. Que de crimes, que » de guerres, que de meurtres, que de mi- » sères et d'horreurs n'eût pas épargné au

____

(1) Discours sur l'inégalité des conditions, deuxième partie.

» genre humain celui qui, arrachant les
» pieux ou comblant le fossé, eût crié à ses
» semblables, gardez - vous d'écouter cet
» imposteur; vous êtes perdus, si vous ou-
» bliez que les fruits sont à tous, et que la
» terre n'est à personne......» Ils n'ont que
trop suivi votre pernicieux conseil; qu'en
a-t-il résulté? En moins de quatre années,
plus de dévastations, plus de meurtres, plus
d'incendies, plus d'horreurs que vingt siècles n'en avoient enfantés.

Écoutons l'orateur du gouvernement.

« Ce n'est point au droit de propriété
» qu'il faut attribuer l'origine de l'inégalité
» entre les hommes.

» Les hommes ne naissent égaux ni en
» force, ni en industrie, ni en talent; les
» hasards mettent encore entr'eux des diffé-
» rences. Ces inégalités premières, qui sont
» l'ouvrage même de la nature, entraînent
» nécessairement celles que l'on rencontre
» dans la société....

» Ceux-là connoissent bien mal le cœur
» humain, qui regardent la division des pa-
» trimoines comme la source des querelles,
» des inégalités, des injustices qui ont affligé
» l'humanité. On fait honneur à l'homme

» qui erre dans les bois et sans propriétés,
» de vivre dégagé de toutes les ambitions
» qui tourmentent nos petites âmes..... Il
» n'est qu'indolent.... et c'est son insensibi-
» lité même sur l'avenir qui le rend plus
» terrible, quand il est vivement secoué
» par l'impulsion et la présence du besoin ;
» il veut alors obtenir par force ce qu'il a
» dédaigné de se procurer par le travail. Il
» devient injuste et cruel.... Quand on jette
» les yeux sur ce qui se passe dans le monde,
» on est frappé de voir que les divers peu-
» ples connus prospèrent bien moins, en
» raison de la fertilité du sol qui les nour-
» rit, qu'en raison de la sagesse des maxi-
» mes qui les gouvernent. D'immenses con-
» trées, dans lesquelles la nature semble,
» d'une main libérale, répandre tous ses
» bienfaits, sont condamnées à la stérilité,
» et portent l'empreinte de la dévastation,
» *parce que les propriétés n'y sont pas*
» *assurées.* Ailleurs, l'industrie, encou-
» ragée par la certitude de jouir de ses pro-
» pres conquêtes, transforme des déserts
» en des campagnes riantes, creuse des ca-
» naux, dessèche des marais, et couvre
» d'abondantes moissons des plaines qui ne

» produisoient jusque là que la contagion
» et la mort. A côté de nous, un peuple
» industrieux, aujourd'hui notre allié, a
» fait sortir du sein des eaux la terre sur
» laquelle il s'est établi, et qui est entière-
» ment l'ouvrage des hommes...» *Discours
du conseiller d'état* Portalis.

Cet ordre de choses produit l'inégalité des fortunes, et cette inégalité même est un bien, quand l'échelle est bien graduée; c'est, pour me servir de l'expression de Bossuet (1), « une fontaine publique qu'on » élève pour la répandre. »

Aussi les peuples qui ont de meilleures lois, sont ceux chez lesquels les propriétaires veillent à leur confection, dans la proportion de l'intérêt qu'ils ont à la conservation et à l'accroissement de leurs propriétés, pourvu que les sages, participant au même pouvoir, leur débrouillent le chaos dans lequel ce même intérêt, mal entendu, pourroit les égarer.

Passons à la définition de la propriété, à ses espèces, à ses conséquences.

---

(1) Oraison funèbre du prince de Condé.

SECTION PREMIÈRE.

De la nature du droit de propriété, et de la distinction des biens par leur rapport à ceux qui les possèdent.

N. B. Une partie des matières renfermées dans cette section a été traitée dans la section quatrième de la première partie de ce titre, d'après la loi du 29 germinal an XI, placée à la tête du livre III du nouveau Code.

I.

« La propriété est le droit de jouir et » disposer des choses de la manière la plus » absolue, *pourvu qu'on n'en fasse pas un* ». *usage prohibé par les lois.* » Code civil, deuxième partie, art. 237.

N. B. Cette définition, tirée de la loi 21. C. *Mandati vel contra.* « Chcaun est le maître et le modérateur » de sa propre chose : » *Suæ quisque rei moderator* (*est*) *et arbiter,* est bien plus exacte que l'adage de jurisconsultes, qui nomment le droit de propriété, *Jus utendi et abutendi re suâ,* « le droit d'user et » d'abuser de sa chose. » Car l'abus n'est pas un droit ; la loi ne peut entrer en des détails minutieux de la conduite de chaque particulier ; l'entreprendre, ce seroit attenter à la liberté : mais l'abus est si peu un droit, que s'il se multiplie jusqu'au point de mettre en danger le propriétaire, ou de nuire à autrui, le magistrat, revêtu de l'autorité, suspend l'exercice du droit de propriété, en donnant un curateur ou un conseil. C'est ce que l'article cité du nouveau Code explique par cette condition : *Pourvu qu'on n'en fasse pas un usage prohibé par les lois ou les réglemens.*

Ce pouvoir de la loi de limiter l'exercice du droit de propriété, ne dérive pas, ainsi que l'ont rêvé quelques publicistes dans ces derniers temps, d'un double domaine qui appartienne d'abord au souverain, subsidiairement à l'individu, sous la protection de l'état. Cette *suzeraineté*, introduite par le gouvernement féodal, dénomination aussi étrange, pour me servir de l'expression de Loiseau, que la chose exprimée, est maintenant abolie jusque dans ses derniers vestiges, par la mobilisation des rentes foncières elles-mêmes, qui n'étoient après tout qu'une condition licite de l'aliénation que l'individu avoit faite de sa propriété. Le droit de l'état d'imposer, pour l'intérêt général, des lois aux propriétés particulières, remonte à l'origine même de l'association entre les hommes, dont la nature a gravé le besoin

dans nos cœurs, formée par la possession
et le consentement exprès ou tacite pour
l'utilité commune. Si, généralisant vos idées,
vous tournez les yeux vers cette grande société, dont les nations ne sont que les individus, vous y remarquez des relations, suite
des intérêts particuliers, des lois, un monarque universel, Dieu, qui décide, par le
redoutable droit de la guerre, du sort des
empires; car la violence est permise, là où
il n'existe aucun juge visible, aucune puissance chargée de veiller à l'exécution des jugemens. Cest ce qu'on nomme le droit des
gens, le droit public.

II.

Conséquences de ces principes.

« Nul ne peut être contraint de céder sa
» propriété, *si ce n'est pour l'utilité pu-*
» *blique, et moyennant une juste et préa-*
» *lable indemnité.* » Code civil, *ibid*,
art. 538.

Maxime d'une évidence palpable, répétée
dans tous les codes, dans toutes les consti-
tutions qui se sont succédées, parmi nous,
dans ces derniers temps, comme les flots de

la mer roulent l'un sur l'autre; et cependant combien violée !

III.

Comme les particuliers ont leurs propriétés, l'état a les siennes.

Ce sont toutes celles qui n'appartiennent à personne, dont il a été parlé dans le premier chapitre de la loi du 29 germinal an 11, et dans la première partie de ce titre de l'*Analyse*.

« Les chemins, routes et rues, à la charge
» de la nation, les fleuves et rivières, navi-
» gables ou flottables, les rivages, *lais* ou
» *relais* (laissés, relaissés) de la mer, les
» ports, les hâvres, les rades, et générale-
» ment les portions du territoire national,
» qui ne sont pas susceptibles d'une pro-
» priété privée, sont considérés comme
» dépendans du domaine public. » *Code civil*, art. 531.

« Tous les biens vacans et sans maître, et
» ceux des personnes qui décèdent sans hé-
» ritiers, ou dont les successions sont aban-
» données, appartiennent à la nation. » *Ibid*, art. 532.

« Les portes, murs, fossés, remparts des
» places de guerre et des forteresses, font
» aussi partie du domaine public. » *Code
civil*, art. 533.

« Il en est de même des terrains des for-
» tifications et remparts des places de guerre ;
» ils appartiennent à la nation, s'ils ne sont
» valablement aliénés, ou si la propriété
» n'en a été prescrite contre elle. » *Ibid*,
art. 534.

« Les biens communaux sont ceux à la
» propriété ou au produit desquels les ha-
» bitans d'une ou de plusieurs communes
» ont un droit acquis. » *Ibid*, art. 535.

« Les particuliers ont la libre disposition
» de leurs biens, sous les modifications éta-
» blies par les lois.

» Les biens qui n'appartiennent pas à des
» particuliers, sont administrés, et ne peu-
» vent être aliénés que dans les formes, et
» suivant les règles qui leur sont particu-
» lières. » *Ibid*, art. 530.

Jusqu'ici nous ne nous sommes occupés
que de ce qu'on nomme *pleine propriété*,
la réunion de tous les droits du propriétaire. Ce droit universel peut être morcelé
par des conventions ou par la loi ; en sorte

que la jouissance ou l'usage appartienne à l'un ; la propriété *nue*, pour parler le langage des jurisconsultes, à un autre : il peut être assujéti à des *servitudes* ou *services* envers les propriétés voisines. Ces objets feront la matière de titres particuliers.

Il en est de même des propriétés de l'état que de celles des individus, ainsi que de leurs accessoires.

« La propriété d'une chose, soit mobi-
» liaire, soit immobiliaire, donne droit sur
» tout ce qu'elle produit, et sur tout ce qui
» s'y unit accessoirement, soit naturelle-
» ment, soit artificiellement.
» Ce droit s'appelle *droit d'accession.* »
Code civil, art. 539.

Reprenons les divisions les plus générales des propriétés, et leurs suites.

DIVISION GENERALE.

IV.

Tous les biens sont meubles ou immeubles. *Code civil, art.* 510.

Telle étoit, dans notre ancien droit, la disposition de l'art. 88 de la coutume de

Paris. *Voyez* la première partie de ce titre, section première.

Telle est celle de la nature.

Dans l'enfance de la société, les animaux domestiques, que l'homme appela à son aide, les bêtes sauvages, qu'il apprivoisa ou soumit au joug ; les armes grossières que ses mains façonnèrent, les esclaves que la reconnoissance ou la nécessité lui attachèrent, le vêtement qui le couvrit et sa famille, la hutte mobile qu'il se procura par son industrie, furent les seules richesses de la vie pastorale, accrues long-temps après par la découverte des métaux, non encore signes des valeurs, mais susceptibles d'échanges avantageux, à l'aide du travail et de l'art qui les mit en œuvre. Tel ce patriarche, dont les peuples les plus anciens de l'Orient se vantent d'être issus, qui ne possédoit pas un seul pouce de terre dans le pays de Canaan, où l'ordre de l'Eternel l'avoit transplanté, traitoit d'égal à égal avec les rois cultivateurs. Le commerce fleurit dans Tyr, dans Sidon, dans l'Egypte, avantque Cadmus apportât dans la Grèce les caractères phéniciens, adaptés à la plus riche, la plus féconde, la plus harmonieuse des langues.

Rome, pauvre dans sa naissance, arrachant par la force quelques langues de terre à ses voisins qu'elle subjugua ou incorpora à son empire, devenue, par sa politique profonde, par sa persévérance, par son génie, par l'invincible valeur de ses généraux et de ses soldats, la plus formidable puissance, dominatrice de l'univers, embrassant, depuis Constantin, sous sa double capitale, les trois parties du monde connu, multiplie à un tel point ses richesses commerciales, qu'elles forment un genre mitoyen entre les meubles et les immeubles réels. *Voyez* le titre des instituts : *De rebus corporalibus, et incorporalibus.* Combien accrues dans l'Europe, par la conquête du nouveau monde, nous entraînant de la frugalité de nos pères dans un luxe sans bornes, voile brillant qui cache trop souvent une indigence réelle, et n'exige pas moins des règles fixes pour classer les obligations, les contrats, les billets de commerce et autres, les traités de finance, etc., dans l'ordre qui leur convient.

Principe général : « Toute action *quæ* » *tendit ad mobile*, qui tend à nous procu- » rer une chose mobiliaire, pour parler le » langage des jurisconsultes, est meuble ;

» toute action, toute obligation qui nous
» donne des droits sur l'immeuble, telles
» que la revendication, l'hypothèque, les
» charges réelles, est immobiliaire. »

« Les biens sont meubles par leur nature
» ou par la détermination de la loi. » *Code
civil*, art. 581.

« Sont meubles *par leur nature*, les corps
» qui peuvent être transportés d'un lieu à un
» autre, soit qu'ils se meuvent par eux-mê-
» mes, comme les animaux, soit qu'ils ne
» puissent changer de place que par l'effet
» d'une force étrangère, comme les choses
» inanimées. ». *Ibid*, art. 522.

« Les bateaux, bacs, navires, moulins
» et bains sur bateaux, et généralement
» toutes usines non fixées par des piliers ne
» faisant pas partie de la maison, sont meu-
» bles. *La saisie de quelques-uns de ces
» objets peut cependant, à cause de leur
» importance, être soumise à des formes
» particulières; ainsi qu'il sera expliqué
» dans le code de la procédure civile.»*
Ibid, art. 524.

« Les matériaux provenant de la démo-
» lition d'un édifice, ou assemblés pour en
» construire un nouveau, sont meubles,

» jusqu'à ce qu'ils soient employés, par l'ou-
» vrier, dans une construction. » *Code ci-*
vil , art. 525.

« Sont meubles par la détermination de
» la loi , *les obligations et actions qui ont*
» *pour objet des sommes exigibles ou des*
» *effets mobiliers , les* actions et intérêts
» dans les compagnies de finance, de com-
» merce, d'industrie , *encore que des im-*
» *meubles dépendant de ces entreprises*
» *appartiennent aux compagnies.* Ces ac-
» tions ou intérêts sont réputés meubles *à*
» *l'égard de chaque associé seulement,*
» *tant que dure la société. ....* » Ibid ,
art. 553.

N. B. Ces mots, *encore que des immeubles, etc. ;*
il n'est presque aucune compagnie de finance, de
commerce , d'industrie , qui n'ait des bâtimens ou
usines nécessaires à l'exécution de l'entreprise. Ici
le principal entraîne l'accessoire , mais entre les
associés seulement; la société dissoute , ces accessoires reprennent, dans la main de celui à qui ils
écheoient, leur caractère d'immeubles. Les créanciers
de la société peuvent les saisir ; ils sont leur gage
comme tous les biens de la société ; mais seulement
avec les formalités prescrites par la loi, pour l'expro-
priation des immeubles de leurs débiteurs.

Le nom seul d'immeubles naturels présente

un sens si clair, que toute explication seroit superflue ; la difficulté ne roule que sur les accessoires de l'immeuble, et sur les accroissemens et décroissemens qu'il peut éprouver : ils seront la matière des nombres suivans.

Appliquons le principe général à ce qu'on nomme actions immobiliaires.

« Sont immeubles par l'objet auquel ils
» s'appliquent,

» L'usufruit des choses immobiliaires;

» Les servitudes ou services fonciers;

» Les actions qui tendent à revendiquer
» un immeuble. » *Code civil, art.* 520.

Dans l'exposition de notre ancien droit, nous avons été forcés de distinguer les immeubles naturels, des immeubles civils, consistant dans les *offices vénaux*, réputés immeubles aux termes de l'art. 95 de la coutume de Paris; *les rentes* constituées *soit perpétuelles, soit viagères*, immeubles à Paris, meubles à Troyes et dans plusieurs autres coutumes; *les rentes foncières*, immeubles partout.

Grâces à la nouvelle constitution donnée à la France, l'opprobre des offices vénaux, tant de justice que de finance, dont j'ai fait

connoître l'origine dans la première partie
de ce titre, est effacé. Je parle ici le langage
de tous les anciens jurisconsultes, qui avoient
vu naître cet abus, et n'avoient cessé de réclamer jusque dans ces derniers temps fer-
tiles en nouveaux systèmes ; je parle le langage du parlement de Paris lui – même ; je
l'ai prouvé. Le cautionnement en argent,
exigé des fonctionnaires publics, à qui des
fonctions lucratives et délicates sont con-
fiées, n'est évidemment qu'une créance mobiliaire.

Les subtilités de l'école avoient introduit
parmi nous la forme des *contrats de constitution*, immeubles civils représentatifs de
l'immeuble réel, qui eût pu être acquis avec
la somme qui en formoit le capital ; les *rentes
viagères*, acquisition d'un usufruit civil,
contenant, quelqu'aient été sur ce point les
diverses opinions des jurisconsultes, un forfait légitimé par l'incertitude du bénéfice
ou de la perte ; les *rentes foncières*, assi-
milées au régime féodal, dans lequel le seigneur de fief étoit censé avoir transmis à son
vassal, à son censitaire, une portion de la
glèbe féodale, à la charge d'une redevance
pécuniaire, de la foi et hommage, de droits

casuels, d'où résultoit une double, une triple propriété ; un double, un triple domaine, direct dans le seigneur féodal, direct dans le créancier de la rente, utile dans la main du débiteur, imprescriptible de sa nature, aux termes de l'art. 120 de notre coutume, non rachetable, si ces redevances n'étoient assises sur maisons dans la ville de Paris, et qu'elles ne fussent pas les premières après le cens, art. 121 ; toutes entraves préjudiciables au commerce.

Les rentes constituées sur particuliers avoient en outre cet inconvénient, observé par l'orateur du gouvernement, que, dans la bigarure de nos coutumes, elles donnoient au créancier de la rente la faculté d'éluder la loi, en rendant disponibles, par la seule translation de son domicile, des objets qui, comme immeubles civils, quelquefois comme propres, ne l'eussent pas été à l'époque de la constitution. *Discours du conseiller d'état Treilhard.*

Si vous exceptez ce qui tient essentiellement à l'anarchie féodale extirpée jusque dans ses bases, le nouveau code ne préjudicie point à la liberté des conventions. Le bailleur de fonds peut, en prêtant son argent, renoncer

au droit d'exiger son remboursement, tant
que la rente, qui représente le capital prêté,
lui sera servie avec exactitude; il peut là
constituer sur les têtes d'un ou de plusieurs
débiteurs, extinguible par leur décès. Le
propriétaire d'un immeuble réel peut en
abandonner la jouissance, moyennant une
redevance annuelle, non imprescriptible, ou
non rachetable, et cependant représentative
de la propriété; conventions licites, qui ne
dénaturent pas le contrat, meuble par essence, comme tendant à l'acquisition d'un
mobilier, soit principal portant intérêt,
comme les simples obligations, soit rentes,
ou redevances représentatives de la propriété.

« Sont aussi meubles, par la destina-
» tion, les rentes perpétuelles et viagères,
» soit sur la république, soit sur particu-
» liers. » *Ibid,* art. 523.

Il n'existe donc plus d'immeubles civils,
qui n'étoient en effet qu'une fiction; mais il
existe des meubles naturels et des meubles
civils : ce qui exigeoit que le nouveau code
déterminât, d'une manière précse, le sens
des mots *meubles, meubles meublans,
effets mobiliers,* source de contestations

sans nombre, relatives à l'interprétation des conventions et des dispositions entre-vifs et testamentaires.

« Le mot *meubles*, employé seul dans
» les dispositions de la loi ou de l'homme,
» sans autre addition ou désignation, ne
» comprend pas l'argent comptant, les pier-
» reries, les dettes actives, les livres, les
» médailles, les instrumens des sciences,
» des arts et métiers, le linge de corps, les
» chevaux, les équipages, armes, grains,
» vins, foins et autres denrées ; il ne com-
» prend pas aussi ce qui fait l'objet d'un
» commerce. » *Ibid*, art. 526.

« Les mots *meubles meublans* ne com-
» prennent que les meubles destinés à l'usage
» et à l'ornement des appartemens, comme
» tapisseries, lits, siéges, pendules, tables,
» porcelaines, et autres objets de cette
» nature.

» Les tableaux et statues qui font partie
» du meuble d'un appartement, y sont aussi
» compris ; mais non les collections de ta-
» bleaux qui peuvent être dans les galeries
» ou pièces particulières.

» Il en est de même des porcelaines ; celles
» seulement qui font partie de la décoration

» d'un appartement, sont comprises dans la
» désignation de *meubles meublans*.» Ibid,
art. 527.

« L'expression *biens meubles*, celle de
» *mobilier* ou d'*effets mobiliers*, com-
» prennent généralement tout ce qui est
» censé meuble, d'après les règles ci-dessus
» établies.

» La vente ou le don d'une maison meu-
» blée, ne comprend que les meubles meu-
» blans.» *Ibid*, art. 528.

« La vente ou le don d'une maison, *avec*
» *tout ce qui s'y trouve*, ne comprend pas
» l'argent comptant, ni les dettes actives et
» autres droits, dont les titres peuvent être
» déposés dans la maison ; *tous les autres*
» *effets y sont compris.*» Ibid, art. 529.

Des immeubles et des meubles en tant
qu'ils sont immobilisés par la destina-
tion du propriétaire.

V.

Les biens sont immeubles ou par
leur nature, ou par la destination
du propriétaire, ou par l'objet auquel

ils s'appliquent ; c'est - à - dire , par leur dépendance de l'immeuble , soit qu'elle procède de la volonté du propriétaire , ou de la nature elle - même. *Code civil, art.* 511.

Le chapitre premier de la nouvelle loi correspond , avec quelques développemens , aux articles 90 , 91 et 92 de la coutume de Paris.

VI.

Immeubles par la nature , ou par l'objet auquel ils s'appliquent ; le sol et tout ce qui y tient.

« Les fonds de terre et les bâtimens sont » immeubles par leur nature. » *Code civil,* *art.* 512.

« Les moulins à vent ou à eau *fixés sur* » *des piliers et faisant partie du bâtiment,* » sont aussi immeubles par leur nature. » *Ibid,* art. 513.

« Les tuyaux servant à la conduite des » eaux dans une maison ou autre héritage , » sont immeubles, et font partie du fonds » auquel ils sont attachés. » *Ibid,* art. 517.

L'article 92 de la coutume de Paris porte :

« Bois coupé, bled, foin ou grain soyé
» ou fauché, supposé (encore) qu'il soit
» sur le champ et non transporté, est réputé
» meuble ; *mais quand il est sur pied et*
» *pendant par racines , il est réputé im-*
» *meuble.* »

Le nouveau Code entre dans plus de
détails.

« Les récoltes pendantes par racines et les
» fruits des arbres non encore recueillis,
» sont pareillement immeubles.

» Dès que les grains sont coupés et les
» fruits détachés, ils sont meubles.

» Si une partie seulement de la récolte est
» coupée, cette partie est meuble. » *Ibid ,*
art. 514.

« Les coupes ordinaires *des bois taillis*
» *ou des futaies mises en coupes réglées,*
» ne deviennent meubles qu'à fur et à me-
» sure que les arbres sont abattus. » *Ibid*,
art. 515.

VII.

Immeubles par destination.

Les êtres qui se meuvent par eux-mêmes,

tels que les animaux domestiques ou sauvages, apprivoisés et soumis au joug, quand ils sont destinés à l'agriculture ou à l'agrément du domaine ou de l'habitation, telles que les ménageries.

« Les animaux que le propriétaire du
» fonds livre au fermier ou au métayer
» pour la culture, *estimés ou non*, (dans
» le bail, circonstance qui donnoit lieu à de
» fréquentes contestations) sont censés im-
» meubles, *tant qu'ils demeureront* atta-
» chés au fonds, par l'effet de la conven-
» tion. » *Ibid*, art. 516.

Il n'en est pas ainsi des *cheptels*, vieux mot qui désigne une société, ayant pour objet le croît et la vente des bestiaux, dont le propriétaire fournit le fonds, le preneur ses soins et son industrie ; destination purement mobiliaire, pourvu toutefois que cette convention ait lieu entre tout autre que le fermier ou métayer : car alors les mêmes animaux servant à la culture du domaine et au commerce, ils seroient censés faire partie de l'héritage.

« Ceux qu'on donne à cheptel, *à d'autres*
» *qu'au fermier ou métayer*, sont meubles. »
Ibid.

Un seul article de la coutume de Paris, que nous avons développé dans la première partie de ce titre, renferme tous les objets immobilisés par la destination du propriétaire.

« Ustensiles d'hôtel... s'ils tiennent à fer » et à clou, ou sont scellés en plâtre, *et* » *sont mis à perpétuelle demeure...* etc. »

Le nouveau Code entre dans plus de détails.

« Les objets que le propriétaire d'un » fonds y a placés pour le service et l'ex » ploitation de ce fonds, sont immeubles » par destination.

« Ainsi sont immeubles par destination, » quand ils ont été placés par le propriétaire » du fonds, pour le service et l'exploita » tion du fonds,

» Les animaux attachés à la culture;

» Les ustensiles aratoires;

» Les semences données aux fermiers ou » colons partiaires;

» Les pigeons des colombiers;

» Les lapins des garennes;

» Les ruches à miel;

» Les poissons *en étang*. (L'article 91 de la coutume ajoute, *ou fossé*, et distingue le

» poisson *en étang*, (pièce d'eau) *ou fossé*,
» de celui *en boutique ou réservoir*, des-
» tiné à la consommation journalière ; c'est
» le fruit cueilli, ou pendant par racines.)

» Les ustensiles nécessaires à l'exploita-
» tion des forges, papeteries et autres
» usines ;

» Les poules et engrais.

» Sont aussi immeubles par destination,
» *tous effets que le propriétaire a atta-*
» *chés aux fonds à perpétuelle demeure.* »
Ibid, *art.* 518.

« Le *propriétaire* est censé avoir attaché
» à son fonds des effets mobiliers, à perpé-
» tuelle demeure, lorsqu'ils y sont scellés
» en plâtre, à chaux ou à ciment, ou lors-
» qu'ils ne peuvent être détachés sans être
» fracturés et détériorés, ou sans briser la
» partie du fonds à laquelle ils sont atta-
» chés. »

N. B. Ces mots *le propriétaire*, car si ces choses
n'avoient été attachées que par l'usufruitier, le
locataire, l'usager, leur titre même renfermeroit
une réclamation contre la perpétuelle demeure sup-
posée.

« Il en est de même des tableaux et autres
» ornemens.

» Quant aux statues, elles sont immeu-
» bles lorsqu'elles sont placées dans une
» niche pratiquée exprès pour les recevoir;
» encore qu'elles puissent être enlevées sans
» fraction ni détérioration. » *Ibid*, art. 519.

Du droit d'accession où des accroisse-
mens et décroissemens, soit du meuble,
soit de l'immeuble.

« La propriété d'une chose, soit mobi-
» liaire, soit immobiliaire, donne droit sur
» tout ce qu'elle produit, et sur ce qui s'y
» réunit, soit naturellement, soit accessoi-
» rement. » *Ibid*, art. 539.

Ce nombre renferme le développement
des paragraphes 19, 20, 22, 23, 24,
25, etc., du titre des instituts de *rerum di-*
visione et acquirendo ipsarum dominio.
« De la division des choses et de l'acquisi-
» tion de la propriété. » Nous les rapprocherons des dispositions du nouveau code,
non comme des lois invariables qui ne soient
susceptibles d'interprétation ni de modification; mais comme des exemples propres à
guider le magistrat dans l'application de la
loi aux circonstances soumises à sa décision.

« Le droit d'accession, quand il a pour
» objet des choses mobiliaires, apparte-
» nantes à deux maîtres différens, est entiè-
» rement subordonné aux principes de l'é-
» quité naturelle.

» Les règles suivantes serviront d'exemple
» au juge pour se déterminer, dans les cas
» non prévus, suivant les circonstances par-
» ticulières. » *Code civil*, art. 558.

Cette maxime du droit naturel ne s'applique pas seulement à l'espèce proposée
dans cet article ; mais à toutes les questions
où le ministère du magistrat n'est pas sub-
jugué par l'autorité impérieuse d'une loi
positive.

*In omnibus quidem, maxime tamen in
jure, æquitas spectanda.* L. 90, dig. de
reg. juris.

« L'équité doit être considérée en toutes
» choses, et surtout en droit. »

Telles sont en particulier, si vous exceptez les définitions, presque toutes les
matières traitées dans ce titre.

VIII.

Des fruits et du possesseur de bonne ou de mauvaise foi.

Nous ne prisons ce que nous nommons biens, que par les jouissances qu'ils nous procurent.

La propriété la plus pleine se réduiroit donc à un vain titre, si elle n'accroissoit journellement par le droit qu'elle nous donne aux fruits naturels, industriels ou civils qui en dépendent, déduction faite des dépenses que leur production a occasionnées.

Quand l'usufruit en est séparé, soit par la disposition de l'homme ou par celle de la loi, la propriété n'a de valeur que par l'attente plus ou moins longue du domaine utile, pour parler le langage des juris-consultes.

L'éviction, soit par le défaut de titre de la part du possesseur, soit par la nullité de ce titre, emporte donc restitution des fruits que le possesseur a perçus indûment.

Telle est la condition du possesseur de mauvaise foi, suivant l'expression des lois romaines, qui ne doit pas être prise à la rigueur; car dans l'incertitude des jugemens humains celui-là peut succomber qui avoit juste motif de croire qu'il triompheroit : « Mais la chose jugée a toute l'autorité de » la vérité. » *Res judicata pro veritate acci-pitur.* L. 207, dig. de reg. juris. Autrement tout l'ordre civil seroit renversé.

Le possesseur de bonne foi, au contraire, est exempt de restitution des fruits ; exception que notre ancienne jurisprudence réduisoit trop souvent au tiers détenteur qui avoit acquis de celui qu'il croyoit propriétaire, quoiqu'il ne le fut pas. Les lois romaines et le nouveau code ne portent pas jusque-là la sévérité. Tout possesseur qui a joui *animo domini,* « comme propriétaire, » (car il en seroit autrement s'il n'avoit joui que comme usufruitier, ou à titre de précaire, son titre même réclameroit contre lui,) ayant juste cause de se croire véritable propriétaire, fait les fruits siens, et n'est tenu de les restituer que du jour qu'il n'a pas accédé à une demande légitime.

Rapprochons les dispositions des lois romaines de celles du nouveau code.

« Tout ce qui naît du sol, tout ce qu'on » en peut recueillir est compris sous le nom » de fruits. »

« *Quidquid in fundo nascitur, quidquid*
» *inde percipi potest, ipsius in fructu est.*»
L. 9 , dig. de usufructu.

« Les loyers des maisons sont mis au
» nombre des fruits. » *Prædiorum urba-*
norum pensiones pro fructibus accipiuntur.
L. 56 , ibid.

« De même le frêt des vaisseaux. » *Item*
vecturæ navium. L. 26, *dig. de hæred pet.*
L. 62 , ibid. *de rei vind.*

« Le croît des bestiaux est placé au nom-
» bre des fruits , comme le lait , comme
» le poil et la laine ; ainsi le poil des chèvres,
» celui des boucs, celui des veaux, la toison
» des moutons , appartiennent de plein
» droit au possesseur de bonne foi. » *Pecu-*
dum in fructu etiam fœtus est , sicut lac ,
et pilus et lana ; itaque agni et hædi et vi-
tuli statim, pleno jure , sunt bonæ fidei
possessoris. L. 28 , dig. de usuf.

« Les fruits naturels et industriels de la
» terre.

» Les fruits civils.

» Le croît des animaux appartient au
» propriétaire par droit d'accession. »

Code civil , art 540.

« On appelle *fruits naturels de la terre ,*

» ceux qu'elle produit, sans le secours de
» l'art ; on appelle *fruits industriels* ceux
» que la terre ne produiroit pas sans le
» travail de l'homme.

» On ne croit pas avoir besoin de motiver
» la disposition qui rend propriétaire de ces
» fruits celui qui est déjà propriétaire de la
» terre même ; car dans l'ordre et la marche
» des idées, c'est la nécessité de reconnoître
» le droit du cultivateur sur les fruits pro-
» venant de son travail et de sa culture, qui,
» au moins jusqu'à la récolte, a fait sup-
» poser et reconnoître son droit sur le fonds
» même auquel il avoit appliqué ses labours.
» C'est ainsi que d'année en année le culti-
» vateur s'assure les mêmes droits par les
» mêmes travaux; la jouissance s'est changée
» en lui en possession continue ; et la pos-
» session continue en propriété. » *Discours
du conseiller d'état* Portalis.

(2) « On n'entend par fruits que le produit
» net, déduction faite des dépenses nécessaires
» pour les obtenir et les conserver ; ce que
» l'équité naturelle ne prescrit pas seulement
» en faveur du possesseur de bonne foi,
» mais même du brigand. » *Fructus intelliguntur quæ deductis impensis quæ quæ-*

rendorum, cogendorum, conservandorum-
que eorum gratiâ fiunt quod non solum in
bonæ fidei possessoribus naturalis ratio
expostulat, verum etiam in prædonibus.
L. ult. de hæred. pet. L. 38, ibid. L. 1, c. de
fruct. et lit. expens. L. 7, dig. sol mat.

« Les fruits produits par la chose n'ap-
» partiennent au propriétaire qu'à la charge
» de rembourser les frais de labours, tra-
» vaux et semences faits par des tiers. »

Code civil, art. 504.

(3) « Il est certain que les possesseurs de
» mauvaise foi sont tenus de rendre la chose
» avec tous les fruits. » Certum est malæ
fidei possessores omnes fructus solere
cum re ipsâ prestare. L. 22, c. de re vend.

« Le possesseur de bonne foi a le même
» droit sur les fruits que le véritable pro-
» priétaire. » Bonæ fidei possessor in per-
cipiendis fructibus id juris habet quod do-
minis prædiorum tributum est. L. 25, §. 1,
dig. de usuf.

Si quis a non domino quem dominum
esse crediderit, bonâ fide fundum emerit
velut donatione, aliave qualibet justâ
causâ æquè bonâ fide acceperit, naturali
ratione placuit, fructus quos percepit ejus

esse , pro culturâ et curâ ; et ideo si do-
minus supervenerit et fundum vendicet ,
de fructibus ab eo consumptis agere non
potest; qui vero, ei alienum fundum sciens
possederit , non idem concessum est ; ita-
que licet fructus consumpti sint , cogitur
restituere. Inst. *ibid.* §. 35.

« Si quelqu'un a acheté de bonne foi ,
» a reçu en don ou de toute autre manière ,
» un fonds qui n'appartenoit pas au vendeur
» ou donateur, l'équité naturelle veut que
» les fruits lui appartiennent à titre d'in-
» demnité de la culture et de ses soins, et
» par conséquent que si le maître survient
» et revendique ce fonds, il n'ait point d'ac-
» tion pour répéter du possesseur de bonne
» foi, les fruits par lui consumés. La même
» faveur n'est pas accordée à celui qui a
» possédé sciemment le fonds d'autrui; ainsi
» il est tenu de rendre la valeur même des
» fruits qu'il a consumés.

» Le simple possesseur ne fait les fruits
» siens *que dans le cas où il possède de*
» *bonne foi ;* dans le cas contraire, il est
» tenu de rendre les produits avec la chose
» au propriétaire qui la revendique. » *Code*
civil , art. 542.

(4) Quel est le possesseur de bonne foi ?

Ce n'est ni le co-héritier vis-à-vis de son co-héritier ; car la co-hérédité forme une sorte de société par la chose même qui rend les co-héritiers mandataires vis-à-vis les uns des autres, pour veiller à l'intérêt commun; ni par conséquent l'associé conventionnel vis-à-vis de ses associés. « Il n'est pas douteux » que lorsqu'il est question de partager une » succession commune, action qui est placée » au nombre de celles qui exigent une stricte » bonne foi ; la portion de la succession » qui t'appartient, doit s'accroître par les » fruits perçus. » *Non est ambiguum, cum familiæ erciscundæ titulus inter bonæ fidei judicia innumeretur, portionem hæreditatis, si qua ad te pertinet, incremento fructuum augeri.* L. 9, C. fam. ercis. « En toute société, les fruits sont communs. »

In societatibus fructus communicandi sunt. L. 19, C. 9. dig. de usuf.

Sauf ces exceptions, « le possesseur est » de bonne foi quand *il possède comme* » *propriétaire, en vertu d'un titre trans-* » *latif de propriété dont il ignore les* » *vices.* » Code civil, art. 543.

« Il cesse d'être de bonne foi du moment
» où ces vices lui sont connus. » *Ibid.*

« Que le plaideur vaincu, qui, après le
» trouble, se maintient en possession de la
» chose d'autrui, ne soit pas seulement tenu
» de la rendre, et de compter des fruits
» qu'il a perçus ; mais qu'il soit encore res-
» ponsable de ceux qu'il auroit pu perce-
» voir, quoiqu'il ne les ait pas reçus : car
» du jour qu'il a été traduit en jugement, sa
» persévérance lui a imprimé le caractère
» de possesseur de mauvaise foi. »

*Litigator victus, qui post conventionem
rei incumbit alienæ, non in sola rei redhi-
bitione teneatur, nec tantum fructuum pres-
tationem quos ipse percepit, agnoscat : sed
etiam eos quos percipere potuisset non
quod eos recepisse constet, exsolvat ; ex
eo tempore ex quo re in judicium deductá,
scientiam malæ fidei possessoris accepit.*
L. 2, C. *de fruct. et lit. ex.*

IX.

Que le propriétaire de l'immeuble
réel l'est du dessus et du dessous ; con-

séquences de ce principe et ses exceptions.

« Quiconque a le sol appelé l'étage du
» rez-de-chaussée d'aucun héritage, *il peut*
» *et doit avoir le dessus et le dessous*, et
» y faire puits, aisances, et autres choses
» licites, *s'il n'y a titre au contraire.* »
Coutume de Paris, art. 187.

Ce que notre coutume applique spécialement aux bâtimens de ville et de campagne,
le nouveau code le généralise comme la
conséquence du droit de propriété.

« La propriété du sol emporte la pro-
» priété du dessus et du dessous.

» Le propriétaire peut faire au-dessous
» toutes les constructions qu'il jugera à pro-
» pos, *et tirer de ces fouilles tous les pro-*
» *duits qu'elles peuvent fournir, sauf les*
» *modifications résultantes des lois et ré-*
» *glemens relatifs aux mines, et des lois*
» *et réglemens de police.*» Code civil,
art. 545.

« Toutes les constructions, plantations
» et ouvrages sur un terrain ou dans l'inté-
» rieur, sont présumées faites par le proprié-
» taire et à ses frais, et lui appartenir, *si le*

« *contraire n'est prouvé;* sans préjudice de
» la propriété qu'un tiers pourroit acquérir
» *par prescription* , soit d'un souterrain
» sous le bâtiment d'autrui, soit de toute
» autre partie du bâtiment. » *Ibid* , art. 546.

N. B. Ces mots *par prescription.* (Voyez *les titres
des servitudes et de la prescription ci-après.*)

X.

De l'accroissement de la propriété par l'édification et la plantation.

*Du propriétaire qui a bâti avec des maté-
riaux qui ne lui appartenoient pas , et
du bâtisseur sur le sol d'autrui.*

*Cum in suo solo aliquis ex alienâ ma-
teriâ œdificaverit, ipse intelligitur dominus œdificii , quia omne quod solo œdificatur, solo cedit. Nec tamen ideo is qui
materiæ dominus fuerat , desinit dominus
ejus esse : sed tantisper neque vindicare
eam potest , neque ad exhibendum de eâ
agere , propter legem XII tabularum quâ
cavetur, ne quis lignum alienum, œdibus
suis junctum , eximere cogatur, sed du-
plum pro eo præstet, per actionem quæ*

vocatur de tigno juncto. Appellatione au-
tem tigni omnis materia significatur ; ex
quâ œdificia fiunt. Quod ideo provisum est,
ne œdificia rescendi necesse fit. Quod si
ex aliquâ causâ dirutum sit œdificium,
poterit materiæ dominus, si non fuerit du-
plum consecutus , tunc eam vindicare et
ad exhibendum agere. Inst. *de rerum divis.*
§. 29.

« Lorsque quelqu'un bâtit sur son fonds,
» avec des matériaux qui ne lui appartien-
» nent pas ; il devient le maître de l'édifice,
» parce que tout ce qui est construit sur le
» sol, accroît au sol ; et cependant celui qui
» fut le propriétaire des matériaux ne cesse
» pas de l'être ; mais le droit qu'il auroit de
» les revendiquer , l'action pour obliger ce-
» lui qui les a employés à les représenter ,
» sont suspendus, à cause de la loi des XII
» tables, qui ne permet pas de contraindre
» celui qui a joint à sa maison une poutre
» étrangère , à la représenter ; mais à payer
» le double de sa valeur ; en vertu de l'ac-
» tion dite *de tigno juncto* (de la poutre
» jointe.) Or, sous ce nom de poutre , on
» entend toute matière qui sert à la cons-
» truction des édifices ; ce qui a été ainsi

» réglé, afin de ne pas nécessiter la destruc-
» tion des édifices ; mais si , par quelque
» cause que ce soit , l'édifice est démoli , le
» propriétaire des matériaux, *s'il n'a pas*
» *reçu le double de leur valeur,* pourra
» les revendiquer, et contraindre le bâtis-
» seur à les représenter. »

Et ex adverso, si quis in alieno solo ex
suâ materiâ domum œdificaverit, illius fit
dominus cujus est solum; sed hoc casu
materiæ dominus proprietatem ejus amit-
tit, quia voluntate ejus intelligitur esse
alienata; utique si non ignorabat se in
alieno fundo œdificare. Et ideo licet di-
ruta sit domus , materiam tamen vindi-
care non potest; certè illud constat , si
in possessione constituto œdificatore, soli
dominus petat domum suam esse , nec sol-
vat pretium materiæ et mercedes fabrorum,
posse eum per exceptionem doli mali re-
pelli ; utique si bonæ fidei possessor fue-
rit , qui œdificavit. Nam scienti alienum
solum esse, potest objici culpa , quod
œdificavit temere in eo solo quod intelli-
gebat alienum esse. Inst. *ibid,* §. 30.

« Au contraire , si quelqu'un a bâti une
» maison avec ses matériaux sur le fonds

» d'autrui, le bâtiment appartient au pro-
» priétaire du sol ; et dans ce cas le proprié-
» taire des matériaux perd sa propriété ,
» qu'il semble avoir volontairement alié-
» née ; si toutefois il n'ignoroit pas qu'il
» bâtissoit sur le fonds d'autrui ; et par ce
» motif il ne sera pas en droit (même la
» maison démolie) d'en réclamer les maté-
» riaux ; et cependant il est constant que si
» le bâtisseur étant en possession du fonds ,
» le véritable propriétaire revendique la
» maison comme sienne , et ne rembourse
» pas la valeur des matériaux et de la main-
» d'œuvre , il peut être repoussé , par l'ex-
» ception de dol , si toutefois le construc-
» teur étoit dans la bonne foi lorsqu'il a
» bâti : car on peut objecter comme une
» faute à celui qui savoit que le fonds ne lui
» appartenoit pas, d'avoir bâti téméraire-
» ment sur un sol qu'il savoit n'être pas à
» lui. »

Les conséquences de la propriété du sol
s'étendent aux plantations et aux semences.

*Si Titius alienam plantam in suo solo
posuerit , ipsius erit. Et ex diverso si Titius suam plantam in Mœvii solo posuerit ,
Mœvii planta erit : si modo utroque casu*

radices egerit; ante enim quam radices egerit ejus permanet cujus fuerat. Adeo autem, ex eo tempore quo radices egerit planta, proprietas ejus commutatur ut si vicini arbor ita terram Titii presserit ut in eum fundum radices egerit, Titii effici arborem dicamus. Ratio enim non permittit, ut alterius arbor esse intelligatur, quam cujus in fundum radices egerit. Et ideo propè confinium arbor posita, si etiam in vicinum fundum radices egerit, communis est. Inst. ibid, §. 31.

« Si Titius a planté dans son champ un
» arbre qui appartenoit à autrui, il lui ap-
» partiendra, et réciproquement si Titius a
» planté son arbre dans le champ de Mœ-
» vius, l'arbre appartiendra à Mœvius,
» pourvu que dans l'un et l'autre cas il ait
» poussé des racines; car avant qu'il ait
» poussé des racines, il appartient à son
» ancien maître. La propriété de la plante
» change tellement du moment qu'elle a
» poussé des racines, que si l'arbre du voi-
» sin a comprimé si fortement la terre de
» Titius, qu'il y ait étendu ses racines, nous
» disons que l'arbre appartient à Titius; car
» la raison ne permet pas que la propriété

» de la plante soit à autre qu'au propriétaire
» du terrain dans lequel elle a poussé des ra-
» cines; et par cette raison, un arbre qui se
» trouve sur les confins de deux champs, s'il
» a des racines dans l'un et dans l'autre, est
» commun aux deux propriétaires. »

Quâ ratione autem plantœ quœ terrœ
coalescunt, solo cedunt ; eadem ratione
frumenta quoque quœ sata sunt solo ce-
dere intelliguntur; cœterum sicut is qui in
alieno solo œdificavit , si ab eo dominus
petat œdificium deffendi potest, per excep-
tionem soli mali , secundum ea quœ dixi-
mus ; ita eadem exceptione tutus esse po-
test is qui alienum fundum, suâ impensâ,
bona fide consevit. Inst. *ibid,* §. 32.

- « Par la même raison que les arbres que
» le sol nourrit appartiennent au proprié-
» taire du sol, de même les fruits provenus
» de semences appartiennent au proprié-
» taire du sol. Au surplus, comme celui qui
» a bâti sur le fonds d'autrui peut se dé-
» fendre contre le propriétaire qui réclame
» le bâtiment qu'il a construit, (s'il ne rem-
» bourse les impenses qui ont été faites)
» ainsi que nous l'avons dit ; de même celui
» qui a ensemencé, à ses dépens, de bonne

» foi, le terrain d'autrui, est en sûreté par
» le secours de la même exception. »

Écartons ce qui regarde les labours et semences, dont nous avons parlé ci-devant ;
le nouveau code renferme en deux articles
tous les principes du droit romain sur cette
matière, et les modifie.

« Le propriétaire du sol qui fait des cons-
» tructions, plantations et ouvrages, avec
» des matériaux qui ne lui appartiennent
» pas, doit en payer la valeur ; il peut aussi
» être condamné en des dommages – inté-
» rêts, s'il y a lieu ; *mais le propriétaire*
» *des matériaux n'a pas le droit de les*
» *enlever.* »

N. B. Que le nouveau code ne condamne pas le
bâtisseur à payer, au propriétaire des matériaux, le
double de leur valeur, mais seulement des dommages-
intérêts, s'il y a lieu, sur lesquels il s'en rapporte à
l'arbitrage du juge.

« Lorsque les plantations, constructions,
» ouvrages, ont été faits par un tiers, avec
» ses matériaux, le propriétaire a droit de
» les retenir, ou d'obliger celui qui les a
» faits à les enlever.
» Si le propriétaire du fonds demande la
» suppression des plantations et construc-

II.   17

» tions, *elle est aux frais de celui qui les*
» *a faites*; sans aucune indemnité pour lui;
» *il peut même être condamné à des dom-*
» *mages et intérêts*; *s'il y a lieu*, pour le
» préjudice que peut avoir éprouvé le pro-
» priétaire du fonds.

» Si le propriétaire préfère conserver ces
» plantations et constructions, il doit le
» remboursement de la valeur des maté-
» riaux et de la main-d'œuvre, sans égard
» à la plus ou moins grande augmentation
» de valeur que le fonds a pu recevoir.

» Néanmoins si les plantations, cons-
» tructions et autres ouvrages ont été faits
» par un tiers évincé, qui n'aura pas été
» condamné en la restitution des fruits, at-
» tendu sa bonne foi, le propriétaire ne
» pourra demander la suppression desdits
» ouvrages, plantations ou constructions;
» mais il aura le choix de rembourser la
» valeur des matériaux et du prix de la
» main - d'œuvre, *ou de rembourser une*
» *somme égale à celle dont le fonds sera*
» *augmenté.* » Ibid, *art.* 548.

N.B. 1°. Que le nouveau code ne distingue pas,
quant aux plantations, le cas où les arbres ont poussé

leurs racines dans le fonds d'autrui de celui où ils n'y sont pas encore enracinés.

2°. Il ne punit en aucun cas celui qui a bâti sur le fonds d'autrui, par la perte entière de ses impenses ; car la loi ne doit autoriser personne à s'enrichir aux dépens d'autrui. *Discours de l'orateur du gouvernement.*

A cette distinction il en oppose une autre. Si le bâtisseur ou le planteur ont su qu'ils construisoient ou plantoient sur le fonds d'autrui, le propriétaire aura le choix de faire remettre les choses en l'état où elles étoient, avec dommages-intérêts, s'il y a lieu, ou de retenir les constructions et plantations en remboursant la valeur des matériaux ou impenses, sans égard pour le plus ou moins d'augmentation de valeur du fonds. Si le bâtisseur ou planteur indiscrets ont ignoré que le fonds sur lequel ils travailloient appartenoit à autrui ; s'ils étoient possesseurs de bonne foi, le propriétaire, rentrant dans sa chose, sera obligé de la prendre en l'état où il l'a trouvée, et de rembourser le bâtisseur ou planteur de ses impenses, ou de leur tenir compte de l'augmentation de valeur que leurs travaux lui auront procurée.

XI.

Des alluvions, des terrains détachés par l'impétuosité d'un fleuve, des îles nouvelles, du changement de cours des rivières, et de toutes espèces d'inondations.

Je joins toutes ces matières à cause de la liaison intime qu'elles ont entr'elles.

(1 et 2). Le §. 20, Inst. *de rerum divis.*, définit l'alluvion *incrementum latens*, « un accroissement progressif et caché, » que les terrains voisins des rives d'un fleuve reçoivent du cours même de ce fleuve, qui détache progressivement des sables, des graviers, des immondices de l'une de ses rives, et les porte sur la rive opposée; ce qui ne peut arriver que par le décroissement proportionnel de la glèbe correspondante.

« L'alluvion, dit l'orateur du gouverne- » ment, est un accroissement qui se forme » *insensiblement* aux fonds riverains d'un » fleuve ou d'une rivière. » *Discours du conseiller d'état* Portalis.

Code civil, art. 549.

S'il étoit possible de distinguer ce que les uns perdent et les autres gagnent, il seroit facile d'indemniser respectivement les propriétaires par une juste compensation. Ainsi, quand des torrens, qui se précipitent du sommet des montagnes, détachent de la glèbe des masses d'une vaste étendue, la propriété n'en reçoit pas d'atteinte; elle se conserve sur la glèbe détachée en quelque lieu que le fleuve la transporte.

Quod si vis fluminis de tuo prædio partem aliquam detraxerit et vicini prædio attulerit, palàm est eam tuam permanere.... Inst. *ibid,* §. 20.

« Si un fleuve ou une rivière, navigable
» ou non, enlève, par une force subite,
» une partie considérable et reconnoissable
» d'un champ riverain, et la porte vers un
» champ inférieur ou sur la rive opposée,
» le propriétaire de la partie enlevée peut
» réclamer sa propriété..... » *Code civil,*
art. 552.

La loi romaine excepte le cas où le propriétaire lésé auroit laissé écouler, sans réclamer, un temps si considérable, que les arbres qui avoient cru sur la portion détachée eussent étendu leurs racines sur le

champ du voisin; ce que les Romains regar-
doient comme une sorte de prise de possession, par la nature elle-même, de cette
glèbe hospitalière.

*Planè si longiore tempore fundo vicini
hæserit, arboresque quas secum traxit,
in eum fundum radices egerint, ex eo tempore videntur fundo vicini acquisitæ esse.*
Inst. *ibid.*, §. 21.

« Cependant, s'il s'est écoulé un temps
» trop long, et que les arbres que le fleuve
» a entraînés aient étendu leurs racines dans
» le champ voisin, de ce moment ils sem-
» blent acquis au propriétaire de cette
» glèbe. »

Le nouveau code fixe à une année le délai
accordé au propriétaire pour réclamer sa
propriété.

« Mais il est tenu de former sa demande
» *dans l'année;* après ce délai, il n'y sera
» plus recevable, *à moins que le proprié-*
» *taire du champ auquel la partie enlevée*
» *a été unie, n'eût pas encore pris pos-*
» *session de celle-ci.* » Code civil, *ibid.*

J'ai anticipé sur cette espèce, afin d'en
faire sentir la différence d'avec l'alluvion. Ici
tout est connu, et le propriétaire dépouillé

et le propriétaire enrichi ; l'accroissement
est certain ; mais sa cause est le produit d'une
dégradation successive, qui ne donne à aucun des propriétaires dépouillés la possibi-
lité de constater le préjudice que chacun
d'eux a éprouvé, motif pour lequel le §. 20
des instituts au même titre, considère l'alluvion comme une bonne fortune de la nature, à laquelle personne n'a le droit de
s'opposer.

*Præterea quod per alluvionem agro tuo
flumen adjécit, jure gentium tibi acqui-
ritur. Est autem alluvio incrementum latens. Per alluvionem autem id videtur
adjici, quod ita paulatim adjicitur, ut
intelligi non possit, quantum quovis tem-
poris mommento adjiciatur.*

Inst., ibid., O. 20.

« En outre, ce que l'alluvion d'un fleuve
» ajoute à ton champ t'appartient par le
» droit des gens ; (c'est-à-dire, par le droit
» naturel, deux idées que les lois romaines
» confondent trop souvent ;) car l'alluvion
» est un accroissement insensible, tel qu'on
» ne peut connoître en quel instant chaque
» partie a été ajoutée. »

Malgré la disposition précise de ce para-

graphe , le régime féodal qui subsistoit
parmi nous , même dans les provinces régies
par le droit écrit , donna lieu , vers le milieu
du siècle dernier, à un procès long , épi-
neux , dispendieux , entre le fermier du domaine royal , qui réclamoit la propriété
de vastes terrains que la Garonne et la Dor-
dogne , fleuves navigables , par conséquent
appartenant au souverain , plus sujets que
les autres aux alluvions , avoient ajoutés ,
de temps immémorial , aux propriétés voisines de leurs cours. Le nouveau code met
fin à l'avenir à ces procès , en décidant ,
comme la loi romaine, que :

« L'alluvion profite au propriétaire rive-
» rain , *soit qu'il s'agisse d'un fleuve ou*
» *d'une rivière navigable , flottable ou*
» *non ;* à la charge, dans le premier cas ,
» de laisser le marche-pied, ou chemin de
» halage , conformément aux réglemens. »
Code civil , art. 549.

« Il en est de même des relais que forme
» l'eau courante , qui se retire *insensible-*
» *ment* de l'une de ses rives , en se portant
» sur l'autre.

» Le propriétaire de la rive découverte

» profite de l'alluvion , sans que le riverain

» du côté opposé y puisse réclamer le ter-

» rain qu'il a perdu. » *Ibid.* , art. 55o.

(5) Dans une espèce peu différente de celle qui vient d'être exposée, la nouvelle loi distingue *les îles, îlots, atté-rissemens* qui se forment dans les rivières navigables ou flottables., « qui appartien-» nent à la nation , s'il n'y a *titre ou pres-» cription au contraire,* » de ceux qui s'élèvent dans les rivières non navigables ni flottables « qui appartiennent aux pro-» priétaires riverains , du côté où l'île » s'est formée ; et si elle ne s'est pas for-» mée d'un seul côté, ils appartiennent aux » propriétaires riverains des deux côtés , » à partir de la ligne qu'on suppose tirée » au milieu de la rivière. » *Code civil,* art. 553 et 554.

Disposition très - conforme à la loi romaine , au moins dans cette dernière partie ; car quant à la première , les îles, îlots , attérissemens formés dans les rivières navigables ou flottables , que le nouveau code adjuge à la nation , il semble qu'on pourroit opposer le principe même posé par l'orateur du gouvernement , d'après Dumou-

lin : « Que les propriétés privées ne peuvent
» s'accroître des choses dont l'usage doit
» demeurer au public ; *mais que toutes les*
» *propriétés qui sont susceptibles de pos-*
» *session et de domaine , quoiqu'elles*
» *soient produites par d'autres qui sont*
» *régies par le droit public , peuvent de-*
» *venir des propriétés privées , et le de-*
» *viennent en effet.* » Discours du conseiller d'état *Portalis.*

Passons sur ces réflexions pour nous
borner à ce que le nouveau code a de conforme, en cette partie, avec le texte des
instituts.

*Insula quæ in mari nata est (quod
raro accidit) occupantis fit ; nullius enim
esse creditur.*

*At insula in flumine nata, (quod fre-
quenter accidit) si quidem mediam partem fluminis tenet, communis est eorum
qui ab utraque parte fluminis , prope
ripam prædia possident, pro modo si licet
latitudinis cujusque fundi quæ prope
ripam sit. Quod si alteri proximior sit
parti ; eorum est tantum qui ab eâ parte
prope ripam prædia possident. Quod si
in aliqua parte divisum sit flumen, deinde*

infra unitum, agrum alicujus in formâ insulæ redegerit, ejusdem permanet ager cujus et fuerat. Inst., *ibid.,* § 22.

« L'île qui est née dans la mer (ce qui
» arrive rarement) appartient au premier
» occupant ; car elle n'est censée appartenir
» à personne. »

N. B. Aussi le nouveau code a-t-il soin d'avertir que ses dispositions ne s'appliquent pas aux relais qui se forment dans la mer , qui tiennent au droit public, et doivent être renvoyés au code de la marine.

« Mais l'île née dans un fleuve (ce qui
» arrive fréquemment); si elle occupe le
» milieu du fleuve , est commune à ceux
» qui ont des possessions sur l'une ou
» l'autre rive , en proportion de l'étendue
» des fonds qui bordent le fleuve. Si elle
» est plus proche de l'une des rives , elle
» appartient à ceux qui possèdent des ter-
» rains de ce côté. Si le fleuve s'est divisé
» dans son cours , que s'étant réuni au-
» dessous, il ait formé une île , d'une pro-
» priéte particulière, la propriété du champ
» compris dans ses deux bras continuera
» d'appartenir à celui à qui elle étoit aupa-
» ravant. »

» Si une rivière ou un fleuve, en se for-
» mant un bras, coupe et embrasse le champ
» d'un propriétaire riverain et en fait une
» île, ce propriétaire conserve la propriété
» de son champ, *encore que l'île se soit*
» *formée dans une rivière navigable ou*
» *flottable.* » Code civil, *art.* 555.

(4) Si des alluvions, de l'effervescence
des torrens, des îles, îlots, attérissemens,
nous passons au changement total du lit,
le droit romain adjugeoit l'ancien lit aux
propriétaires riverains, sans indemnité pour
ceux que le nouveau lit avoit lésés.

Quod si naturali alveo in universum
derelicto, ad aliam partem fluere cœperit
prior quidem alveus eorum est qui prope
ripam ejus prædia possident, pro modo
latitudinis cujusque agri quæ propè ri-
pam sit. Novus autem alveus ejus juris
esse incipit cujus et ipsum flumen est, id
est publicus.

Quod si, post aliquod tempus ad priorem
alveum reversum fuerit flumen, rursus
novus alveus, eorum esse incipit qui prope
ripam prædia possident. Inst. *ibid,* §. 23.

« Que si (un fleuve) ayant abandonné
» entièrement son ancien lit, s'en est formé

» un nouveau, l'ancien lit appartient aux
» propriétaires voisins de ses rives, dans la
» proportion de l'étendue du terrain de
» chacun des champs qui bordoient ses
» rives ; le nouveau commence à être régi
» par le même droit que le fleuve lui-même,
» c'est-à-dire qu'il devient public.

» Que si, après quelque temps, le fleuve
» revient à son ancien lit, le nouveau lit
» qu'il s'étoit formé redevient la propriété
» de ceux qui possèdent des domaines qui
» bordent ses rives. »

Le nouveau code est plus juste. Sans égard
à ces variations, il conserve à chacun sa
propriété, et compense le dommage avec le
profit.

« Si un fleuve ou une rivière, *navigable,*
» *flottable ou non,* se forme un nouveau
» cours en abandonnant son ancien lit, les
» propriétaires des fonds nouvellement oc-
» cupés prennent, à titre d'indemnité, l'an-
» cien lit abandonné, chacun dans la pro-
» portion du terrain qui lui a été enlevé. »
Code civil, art. 556.

(5) Toutes les règles établies dans les articles précé'ens ne regardent que les eaux
courantes ; les eaux stagnantes, telles que

celles des lacs, des étangs, les inondations
des fleuves eux-mêmes, ne produisent que
des secousses momentanées qui ne donnent
pas atteinte à la propriété.

*Alia penè causa est, si cujus totus ager
inundatus fuerit; neque enim inundatio
fundi speciem commutat; et ob id si reces-
serit aqua palam est eum fundum manere,
cujus et fuit.* Inst. §. 24.

« Il en est autrement quand l'inondation
» a couvert le champ entier d'un individu;
» car l'inondation ne dénature pas le fonds :
» et par cette raison, quand l'eau s'est reti-
» rée, il est évident que le sol demeure à
» celui à qui il appartenoit auparavant.

» L'alluvion n'a pas lieu à l'égard des lacs
» et étangs, dont le propriétaire conserve
» toujours le terrain que l'eau couvre quand
» elle est à la hauteur de la décharge de
» l'étang, encore que le volume de l'eau
» vienne à diminuer.

» Réciproquement le propriétaire de l'é-
» tang n'acquiert aucun droit de propriété
» sur les terres riveraines que son eau vient
» à couvrir dans les crues extraordinaires. »
Code civil, art. 551.

XII.

Du décroissement et accroissement de la propriété par l'évasion des pigeons, lapins, poissons, du colombier, de la garenne, de l'étang qui les avoient recueillis, dans un autre colombier, garenne, étang.

Nous avons exposé, dans la première partie de ce titre, section IV, les principes du droit romain, et les dispositions de notre coutume, relativement aux animaux, qui, bien que sauvages de leur nature, s'accoutument à aller et revenir quand l'homme a eu soin de leur préparer un asile plus à l'abri de l'intempérie des saisons, que celui qu'ils se procurent à eux-mêmes dans un état de liberté plus entière, et surtout plus commode pour y déposer leurs petits ; tant est puissant l'amour paternel ! Nous avons rapporté le texte du paragraphe 15 *des instituts,* au même titre, qui détermine le genre de propriété que nous pouvons acquérir sur ces animaux. Le nouveau code n'a qu'un article sur cette matière.

« Les pigeons, lapins, poissons, qui pas-
» sent dans un autre colombier, garenne
» ou étang, appartiennent au propriétaire
» de ces objets, *pourvu qu'ils n'y aient pas*
» *été attirés par fraude.* » Code civil,
art. 547.

Le coup d'œil seul et le droit qu'a le propriétaire d'empêcher que l'on ne passe sur
son champ, déterminent la propriété des
abeilles et de leurs essaims.

Apium quoque fera natura est. Itaque
apes quæ in arbore tuo consederunt, ante-
quam a te in alveo concludantur, non
magis tuæ intelliguntur esse, quam vo-
lucres quæ in arbore tuá nidum fecerint.
Ideoque si alius eas incluserit, is earum
dominus erit. Favos quoque, si quos effece-
rint, eximere quilibet potest. Planè inte-
grá re, si provideris ingredientem fundum
tuum, poteris eum jure prohibere ne ingre-
diatur. Examen quoque, quod ex alveo
tuo evolarit, eo usque intelligitur esse
tuum, donec in conspectu tuo est, nec
difficilis ejus persecutio est; alioquin occu-
pantis fit. Inst. *ibid,* §. 14.

« La nature des abeilles est sauvage. C'est
» pourquoi les abeilles qui se sont fixées

» sur ton arbre avant que tu les aie enfer-
» mées dans une ruche, ne sont pas plus à
» toi que les oiseaux qui ont fait leur nid sur
» ton arbre. Ainsi, quand un autre les en-
» ferme, elles deviennent siennes; de même
» si tes abeilles font des essaims, le premier
» occupant peut les enlever, et toutefois,
» *quand les choses sont encore entières,*
» si tu as prévu qu'il viendroit les enlever,
» tu as le droit de l'empêcher d'entrer. L'es-
» saim qui s'est échappé de ta ruche est tien,
» tant qu'il est sous tes yeux, et que sa
» poursuite n'est pas difficile; autrement il
» est au premier occupant. »

N. B. Jusqu'ici nous ne nous sommes occupés que
des accroissemens que l'immeuble peut recevoir, soit
de l'édification, de la plantation, soit des secousses
même de la nature; l'art, l'industrie, le commerce,
et jusqu'à la mode, se disputent la gloire d'accroître
la valeur du mobilier.

Du droit d'accession relativement aux choses mobiliaires.

Ne perdons pas de vue le principe posé
par le nouveau code, que nous avons cité
ci-dessus et étendu (sans doute conformément à l'intention du législateur) à toutes

les matières traitées dans ce titre. *Tout ce qui n'est pas expressément déterminé par des lois positives, est du ressort de l'équité naturelle.* Code civil, art. 558.

XIII.

De la spécification, de l'accession, de la confusion et de la commixtion.

Cum ex alienâ materiâ species aliqua facta sit ab aliquo, quæri solet, quis eorum, naturali ratione, dominus sit; utrum is qui fecerit; an potius ille qui materiæ dominus fuerit? Ut eccè, si quis ex alienis uvis aut olivis aut spicis, vinum aut oleum, aut frumentum fecerit; aut ex alieno auro, vel argento, vel ære vas aliquod fecerit, et ex alieno vino, vel melle mulsum miscuerit, vel ex medicamentis alienis emplastrum, aut collyrium composuerit; vel ex alienâ lanâ vestimentum fecerit, vel ex alienis tabulis navem aut armarium, vel subsidia fabricaverit. Et post multam Sabinianorum et Proculianorum ambiguitatem, placuit media sententia existimantium, si ea species ad priorem et rudem materiam reduci possit, eum videri dominum esse qui materiæ dominus fuerit; si non possit reduci, eum potius intelligi dominum qui fecerit, ut ecce, vas conflatum potest ad rudem materiam æris, vel argenti, vel auri reduci; vinum autem vel oleum, vel frumentum, ad uvas, vel olivas, vel spicas reverti non potest; ac ne mulsum quidem ad vinum et mel resolvi potest.

Quod si, partim ex suâ materiâ, partim ex alienâ speciem fecerit quis, veluti ex suo vino et alieno mulsum miscuerit, aut ex suis et alienis medicamentis emplastrum, aut collyrium; aut ex suâ lanâ et alienâ vestimentum fecerit : dubitandum non est, hoc casu dominum esse qui fecerit; eum non solum operam suam dederit, sed et partem materiæ præstiterit. Inst. ibid, § 25.

« Quand de la matière appartenante à au-
» trui a été faite une chose d'une espèce
» différente, on a coutume de demander à
» qui, du propriétaire ou de l'artiste, cette
» chose doit appartenir ? Si de raisins, d'o-
» lives, de gerbes et d'épis, ont été extraits
» du vin, de l'huile, de la farine de pur fro-
» ment; si, de l'or, de l'argent, de l'airain

» d'autrui, a été façonné un vase, ou de
» l'hypocras du vin et du miel apparte-
» nant à autrui, ou de médicamens étran-
» gers une emplâtre ou un collyre, ou un
» vêtement d'une laine étrangère; si de plan-
» ches, dont l'ouvrier n'étoit pas proprié-
» taire, ont été fabriqués un navire, une
» armoire, des siéges, quel sera le proprié-
» taire du nouveau tout ou le maître de la
» matière première, ou celui qui l'a em-
» ployée ? Après de longs débats sur ces
» questions épineuses entre les Sabiniens
» et les Proculeïens, (deux sectes de juris-
» consultes romains) le parti mitoyen a
» prévalu. Il consiste à distinguer si la nou-
» velle espèce peut ou non être ramenée à
» ses élémens primitifs brutes: dans le pre-
» mier cas, celui-là semble être le proprié-
» taire, à qui la matière appartenoit ; dans
» le second, c'est-à-dire dans l'impossibi-
» lité de ramener la nouvelle espèce à ses
» élémens, l'artiste semble préférable. Ainsi,
» un vase fondu, à l'aide de la forge et des
» soufflets, peut être ramené à ses bases pri-
» mitives, de l'or, de l'argent, de l'airain ;
» le vin, l'huile, le froment, ne peuvent pas
» être rappelés à leur état primitif de raisins,

» d'olives, d'épis. Mais si quelqu'un, mêlant
» ce qui lui appartenoit à ce qui appartenoit
» à autrui, a produit une espèce nouvelle,
» comme de l'hypocras, du mélange de vin
» qui lui appartenoit et du miel appartenant
» à autrui, une emplâtre ou un collyre de
» drogues dont partie étoit à lui, partie à
» autrui, un vêtement en partie de sa laine,
» en partie de celle d'autrui, il n'est pas
» douteux qu'il ne doive être regardé
» comme propriétaire du produit qui en
» a résulté ; puisqu'il n'y a pas seulement
» employé son travail et son industrie, mais
» qu'il a fourni en partie la matière pre-
» mière. »

Si tamen alienam purpuram vestimento suo quis intexuerit, licet preciosior sit purpura, tamen accessionis vice cedit vestimento, et qui dominus fuerit purpuræ adversus eum qui subripuit habet furti actionem et condictionem, sive ipse sit qui vestimentum fecit, sive alius : nam extinctæ res, licet vendicari non possunt, condici tamen a furibus et quibuscumque aliis possessoribus possunt. Inst. *ibid,* §. 26.

« Si quelqu'un a appliqué sur son vête-

» ment une pourpre qui ne lui appartenoit

» pas , quoique la pourpre soit plus pré-

» cieuse que le vêtement, cependant, comme

» accessoire, elle cède au vêtement, et celui

» qui fut le maître de la pourpre a contre

» celui qui la lui a dérobée l'action de vol

» et la répétition, soit que ce soit le tailleur

» qui a fait le vêtement, ou tout autre ; car

» les choses , même anéanties, quoiqu'elles

» ne puissent être revendiquées ; peuvent

» cependant être répétées des filous qui les

» ont dérobées , et de tous autres posses-

» seurs. »

*Si duorum materiæ voluntate domino-
rum confusæ sint ; totum corpus quod ex
confusione fit, utriusque commune est, veluti si vina sua confuderint aut massas
argenti vel auri conflaverint. Sed si di-
versæ materiæ sint et ob id propria species
facta sit ; forte ex vino et melle mulsum ,
aut ex auro et argento electrum; idem juris
est ; nam et hoc casu communem esse
speciem non dubitatur. Quod si fortuito
et non voluntate dominorum confusæ fuerint, vel ejusdem generis materiæ vel di-
versæ; idem juris esse placuit.* Inst. *ibid* ,
§. 27.

« Si, par la volonté de deux proprié-
» taires, des matières de même nature ont
» été confondues, le corps provenant de la
» confusion est commun à l'un et à l'autre;
» comme s'ils ont confondu leurs vins ou
» des masses d'argent ou d'or qu'ils aient
» fait fondre. Si les matières sont diffé-
» rentes, et qu'il en ait résulté une espèce
» qui ait un caractère qui lui soit propre, par
» exemple, que du vin et du miel il ait été
» fait de l'hypocras, d'or et d'argent fondus
» ensemble, de *l'électre*, (amalgame, sui-
» vant Pline le naturaliste, de cinq parties
» d'or sur une d'argent, très-estimé des an-
» ciens) le droit est le même. Si cette con-
» fusion de matières, soit de même ou de
» diverses natures, s'est opérée par cas for-
» tuit, et non par la volonté des proprié-
» taires, cette circonstance ne change rien
» au point de droit. »

*Quod si frumentum Titii frumento tuo
mixtum fuerit, si quidem voluntate ves-
trâ, commune est; quia singula corpora
id est singula grana quæ cujusque propria
fuerunt, consensu vestro communicata
sunt. Quod si casu mixtum fuerit, vel Titius id miscuerit non videtur commune esse;*

*quia singula corpora in suá substantiá
durant. Sed nec magis istis casibus commune fit frumentum, quam grex intelligitur esse communis, si pecora Titii tuis
pecoribus mixta fuerint. Sed si ab altero
vestrum totum id frumentum retineatur ;
in rem quidem actio, pro modo frumenti
cujusque competit : arbitrio judicis con-
tinetur, ut ipse œstimet, quale cujusque
frumentum fuerit.* Inst. ibid, §. 28.

« Si le froment de Titius a été mêlé à ton
» froment, si c'est par votre volonté, ce fro-
» ment vous est commun, parce que cha-
» cune de ses parties, c'est-à-dire, chacun
» des grains, ont été mis en communauté
» d'un consentement respectif ; que si ce
» mélange s'est operé par hasard, si Titius
» l'a fait sans ton consentement, la masse
» ne semble pas devoir être commune,
» parce que chacun des corps qui la compo-
» sent conserve sa propre substance. Le
» froment n'est pas plus commun entre
» vous, dans ces deux cas, qu'un trou-
» peau ne seroit commun, parce que les
» bestiaux de Titius se seroient mêlés avec
» les tiens. Mais si l'un de vous retient la
» totalité, chacun de vous a l'action *in rem,*

» (en revendication de sa chose) propor-
» tionnée à la quantité de froment qui lui
» appartient, laissant à l'arbitrage du juge
» l'estimation de la qualité du froment. »

Dégageons ces quatre paragraphes et des subtilités de l'école, et des formules de la tactique judiciaire des Romains, qui offus-quent la simplicité du droit. C'est ce que les rédacteurs du nouveau code ont entrepris, en généralisant les idées.

(1) « Lorsque deux choses, appartenant à
» différens maîtres, ont été unies de manière
» à former un tout .... et peuvent néanmoins
» subsister l'une sans l'autre, le tout appar-
» tient au maître de la partie principale...»
Code civil, art. 559.

« Est réputée *principale*, la partie à la-
» quelle l'autre n'a été unie que pour l'usage,
» l'ornement ou le complément (du tout). »
Ibid, art. 560.

Exception. Si la partie unie est de beau-coup plus précieuse que la partie principale, (exemple de l'or incrusté dans du bronze) *et qu'elle ait été employée à l'insu du pro-priétaire,* « celui-ci peut demander que la
» chose unie soit séparée pour lui être ren-
» due, *même quand il en résulteroit quel-*

» *que dégradation de la chose à laquelle*
» *elle a été jointe.* » Ibid, art. 56 .

(2) « Si, de deux choses unies pour former
» un seul tout, l'une ne peut être regardée
» comme l'accessoire de l'autre , (parce
» qu'elles seront également importantes à
» la perfection du tout) celle-là est réputée
» *principale*, qui est la plus considérable
» *en valeur*, ou *en volume*, si les valeurs
» sont égales. » *Ibid*, art. 562.

(3) « Si un artisan (ou tout autre) a em-
» ployé une matière qui ne lui appartenoit
» pas, à former une chose d'une nouvelle
» espèce, *soit que la matière puisse ou*
» *non reprendre sa première forme*, (ce
» qui tranche les difficultés élevées entre
» les Sabeïens, les Proculeïens et la secte
» moyenne dont il a été parlé au para-
» graphe 25 *des instituts* ci-dessus), celui
» qui en étoit propriétaire a le droit de ré-
» clamer la chose qui en a été formée,
» *en remboursant le prix de la main-*
» *d'œuvre.* » Ibid, art. 563.

Exception. D'une inégalité telle que la
matière n'eût aucune proportion avec la
main-d'œuvre , (comme la toile ou les cou-
leurs étendues sur la palette du peintre avec

le chef-d'œuvre de l'artiste qui les a employées) « l'industrie seroit alors réputée
» la partie principale, et l'ouvrier auroit
» le droit de retenir la partie travaillée, *en*
» *remboursant le prix de la matière au*
» *propriétaire.* » Ibid, *art.* 564.

(4) «.Lorsqu'une personne a employé,
» en partie, la matière qui lui appartenoit,
» et en partie celle qui ne lui appartenoit
» pas, à former une chose d'une espèce
» nouvelle, *sans que ni l'une ni l'autre des*
» *deux matières soit entièrement détruite;*
» *mais de manière qu'elles ne puissent être*
» *séparées sans inconvénient,* la chose est
» en commun aux deux propriétaires; en
» raison, quant à l'un, *de la matière qui*
» *lui appartenoit,* quant à l'autre, *de la*
» *matière qui lui appartenoit et du prix de*
» *la main-d'œuvre.* » Ibid, *art.* 565.

C'est la disposition du paragraphe 25 des
instituts, rapporté ci-dessus.

(5) « Lorsqu'une chose a été formée par
» le mélange de plusieurs matières apparte-
» nantes à différens propriétaires, *mais dont*
» *aucune ne peut être regardée comme la*
» *matière principale,* si les matières peu-
» vent être séparées, *celui à l'insu duquel*

» *les matières ont été mélangées, peut en*
» *demander la division.*

   » Si les matières ne peuvent être divisées
» sans inconvénient, ils en acquièrent en
» commun la propriété, *dans la proportion*
» *de la quantité, de la qualité, et de la*
» *valeur des matières appartenant à cha-*
» *cun d'eux.* » *Ibid*, art. 566. *Voyez* ci-
dessus *inst.* §§. 26 et 27.

Exception. « Si la matière appartenant à
» l'un des propriétaires *étoit de beaucoup*
» *supérieure à l'autre par la quantité et le*
» *prix*, en ce cas, le propriétaire de la ma-
» tière supérieure pourroit réclamer la
» chose provenue du mélange, *en rem-*
» *boursant à l'autre la valeur de la ma-*
» *tière.* » Ibid, art. 557.

   (6) *Trois règles générales.*

Première. « Lorsque la chose reste en
» commun entre les propriétaires des ma-
» tières dont elle a été formée, *elle doit*
» *être licitée au profit commun.* » Ibid,
art. 568.

Car « personne n'est tenu de demeurer en
» communauté malgré lui. » *In communione*
vel societate nemo compellitur invitus

detineri........ L. *ult.* C. *comm. div.* L. 29. *in fin*, *dig. eod.* L. 43. *dig. fam. ercisc.*

Deuxième. « Dans tous les cas, le pro-
» priétaire *dont la matière a été employée,*
» *à son insu, à former une chose d'une*
» *autre espèce,* a le choix de demander la
» restitution de sa matière en même nature,
» qualité, poids, mesure et bonté, ou sa
» valeur. » *Ibid*, art. 569.

Troisième. « Ceux qui auront employé
» des matières appartenant à d'autres, *et à*
» *leur insu,* pourront aussi être condamnés
» à des dommages-intérêts, s'il y a lieu,
» *sans préjudice des poursuites par voie*
» *extraordinaire,* si le cas y échet. » *Ibid,*
art. 570.

Le paragraphe 26 des *instituts*, accordoit *actionem furti et condictionem*, « la
» poursuite criminelle pour vol, et l'action
» civile en répétition. »

RÉSUMÉ

DES DEUX PARTIES DE CE TITRE.

LES lois civiles ont pour objet le bonheur
des personnes ; elles fixent leur état dans la
société ; mais c'est en réglant la manière

dont ces choses, que nous nommons biens, parce qu'elles sont l'objet de nos jouissances et de nos convoitises, deviennent la matière des contrats qui en déterminent la propriété ; que la loi ou la volonté de l'homme les transmet de la génération présente à la génération future. C'est ainsi que les lois civiles répriment les troubles que l'intérêt personnel tend sans cesse à exciter, et nous procurent la paix, fruit de l'ordre et de la justice, la seule félicité à laquelle l'homme puisse atteindre sur la terre.

La division des choses en meubles et immeubles est commune à notre ancien droit et au nouveau ; elle est de tous les temps, de tous les âges, parce qu'elle est puisée dans la nature. Mais nos anciennes lois reconnoissoient trois espèces de meubles et d'immeubles ; les meubles et les immeubles naturels, civils, et de destination du propriétaire.

J'ai développé, dans la première partie de ce titre, ce qu'on nommoit *immeubles civils*, les offices, non-seulement de finance, mais de judicature, devenus vénaux par la pénurie du trésor public ; j'ai fait connoître l'origine et les progrès de cet abus. Les rentes constituées, soit perpétuelles, soit viagères, substituées au prêt portant intérêt, source de vexations dans la main du riche pour opprimer l'indigent, si la loi ne vient à son aide; la subtilité de l'école, adoptée par les ordonnances de nos rois, qui avoient interdit, dans la majeure partie de la France, sauf quelques exceptions particulières, et quelques contradictions, au propriétaire de choses qui se consument par l'usage, la faculté de tirer profit du délai accordé à son débiteur pour rendre la somme prêtée, s'il ne renonçoit au droit d'exiger le principal; en sorte que les exceptions même, que la loi de l'église avoit mises à cette soumission, étoient repoussées par la loi de l'état. De là l'immobilité des contrats de constitution, dans la coutume de Paris et dans le droit commun de la France, ayant tous les effets de l'immeuble réel ; de là aussi le contrat de rente viagère, usufruit civil représentatif de l'usufruit réel, détaché, par la convention ou par la loi, de la pleine propriété; enfin, la rente foncière, trop assimilée au cens et aux redevances féodales pour conserver, dans le nouveau code, son caractère d'immeuble. Un seul principe détermine la nature des actions : toutes celles qui tendent à nous procurer un mobilier, sont meubles ; toutes celles qui ont pour objet l'immeuble, sont immeubles.

Passant à la définition de la pleine propriété, j'en ai fait connoître l'origine d'après nos livres saints. Caïn fut cultivateur, Adam pasteur ; le travail procura les jouissances, et les jouissances continuées des deux espèces de biens assurèrent au possesseur, par le consentement de toutes nations policées, un titre irrévocable; si ce n'est pour la commune nécessité ou utilité ; moyennant une juste et préalable indemnité; droit aussi nécessaire à l'indigent, par l'élan qu'il donne au travail, au commerce, à l'industrie, que souvent funeste au riche, dont il nourrit l'indolence.

Peu importe, quant à cette division générale, à qui la propriété appartienne, aux particuliers ou à l'état ; et cependant j'ai parcouru les dispositions du nouveau code concernant *les biens dans leur rapport avec ceux qui les possèdent.*

Plus d'immeubles civils. Il n'en est pas ainsi du mobilier, dans lequel sont comprises les actions qui tendent à l'accroître.

J'ai exposé, d'après le nouveau code, la distinction, pour l'interprétation des contrats, et des dispositions tant entre-vifs que testamentaires, de ce qu'on nomme *meubles, meubles meublans*, EFFETS MOBILIERS.

Plus d'immeubles civils; mais le mobilier devient immeuble par la destination du propriétaire. Je me suis attaché, dans la première partie de ce titre, à quelques exemples qui m'ont été fournis tant par le droit romain que par la coutume de Paris. Ils se sont multipliés, dans la deuxième, par le texte des *instituts*, que j'ai rapproché du nouveau code.

J'ai passé aux accroissemens et altérations dont les immeubles et le mobilier sont susceptibles; les immeubles, par l'alluvion, l'impétuosité des torrens, les nouvelles îles, îlots, attérissemens qui se forment dans le courant des fleuves, le changement de lit, l'inondation; le mobilier, par la spécification, l'accession, la confusion, la commixtion.

Tel est le tableau de tous les objets que renferme ce titre fondamental de toute législation.

II. 19

TITRE SIXIÈME.

De l'usufruit, de l'usage et de l'habi-
tation. (Liv. I^e. sect. XI des lois
civiles de Domat.)

LE désir de se procurer une vie agréable,
ou de satisfaire ses passions, l'intérêt personnel, en un mot, est le but universel de
l'humanité, la source des usurpations, des
injustices, des violences des hommes, et en
même temps, l'aiguillon le plus puissant du
travail, de l'industrie, du courage, de la
prudence, de toutes les vertus. Jouir est le
but auquel nous tendons tous ; le droit de
jouir donne seul de la valeur à la propriété.
Ce droit est quelquefois séparé, pour un
temps, par la disposition des lois, par les
conventions, par les testamens, de la propriété dont il émane ; telle est la nature de
l'usufruit, qui est l'objet de ce titre.

Delà la distinction *de la pleine propriété,*
de l'usufruit et de la propriété nue, c'est-
à - dire, séparée de l'usufruit, et destinée à
s'y réunir, après le terme prescrit à la
jouissance de l'usufruitier.

L'usufruitier, à quelque titre que ce soit, jouit au nom du propriétaire; l'un ne peut nuire au droit de l'autre. Tel est le principe fondamental, duquel dérivent l'incapacité de l'usufruitier pour prescrire la propriété, quelque longue que soit sa jouissance, l'obligation *de jouir en bon père de famille*, suivant l'expression des lois, l'incapacité du propriétaire de donner atteinte, par son fait, au droit de l'usufruitier, tant qu'il ne l'a pas prescrit comme une servitude imposée à sa propriété; en un mot, tous les principes de cette matière.

« Je connois (dit le modeste orateur du
» gouvernement) quelques inconvéniens,
» (de nos lois anciennes) tels que cette
» masse immense, cet informe chaos de tant
» coutumes; mais je ne suis pas à même de
» calculer tout le bien de l'un, (le nouveau
» code) et tout le mal de l'autre (le chaos
» de nos lois anciennes.)

» En vérité , citoyens législateurs, je
« crains fort que, par suite de ce nouveau
« code, ne soient presqu'ensevelis dans un
» éternel oubli, ces grands jurisconsultes
» de la France, *Duaren, Talon , Térasson, d'Aguesseau , Domat , Pottier;*

» et il me fâcheroit plus encore d'y voir
» ensevelir un *Cujas ;* un *Favre* (Faber.) »
Discours du conseiller d'état Galli.

Que cette crainte ne vous trouble pas, ô
vous qui savez allier un tendre amour pour
votre terre natale, et pour celle qui vous a
adoptée ! C'est moins par leur science profonde, entachée quelquefois des subtilités
de la scholastique de leur siècle, (j'excepte
les modernes que vous avez cités, Domat,
d'Aguesseau, Pottier) que ces illustres
morts ont acquis leur renommée, que par
ce tact sûr qui dévora les épines de nos anciennes lois, pour porter dans notre jurisprudence, et jusque dans la rédaction de
nos coutumes, à laquelle ils influèrent, non
les subtilités dont le droit romain lui-même
n'est pas exempt, mais ces principes lumineux de la saine raison, de l'équité naturelle, qui, suivant l'expression de Dumoulin, que vous citez, rendit ce droit, par la
seule conviction de sa sagesse, commun à
toutes les nations policées de l'Europe.

C'est ce que j'ai entrepris de prouver dans
cet ouvrage, non par le rapprochement
de toutes les coutumes qui se partageoient
le sol de la France, ce seroit infini ; mais

en recherchant, dans celle de la capitale, les traces de ces maximes fondamentales, même appliquées à des objets étrangers à nos lois actuelles, et comparant ensuite, quelquefois confusément, quelquefois par titres et sections séparées, les textes des lois romaines, aux dispositions du nouveau code.

DROIT ANCIEN,

Tiré du texte seul de la coutume de Paris.

SECTION PREMIÈRE.

De la nature de l'usufruit, et des droits de l'usufruitier.

I.

Usufruit séparé de la propriété par la disposition de la loi.

1°. Dans la garde.

Le gardien noble, et pareillement le gardien bourgeois.... *fait les fruits siens*, durant ladite garde, de tous les meubles, tant héritages que rentes appartenantes aux mineurs, assis en la ville, ou dehors... *Art.* 267.

2°. En succession ascendante.

Les père et mère jouissent, par usufruit, des biens délaissés par leurs enfans, qui ont été acquis par lesdits père et mère, et par le décès de l'un d'eux, advenus auxdits enfans, encore qu'ils soient et aient été faits propres auxdits enfans, *au cas toutefois que lesdits enfans décèdent sans enfans et descendans d'eux....* Art. 314.

Laquelle moitié des conquêts advenue aux héritiers du trépassé, est le propre héritage desdits héritiers..... *desquels biens toutefois, les père ou mère, aïeul ou aïeule, succédant à leurs enfans, jouiront par usufruit, au cas qu'il n'y ait aucuns descendans de l'acquéreur.* Art. 230.

3°. Dans le douaire coutumier.

Le douaire, soit en espèces ou rentes.... *n'est qu'à la vie de la femme tant seulement....* Art. 263.

N. B. Cet article ne parle que du douaire préfix; mais sa disposition s'applique au douaire coutumier, fixé par l'article 248, quoique la coutume se serve de cette expression : *Douaire coutumier est la moitié des héritages que le mari possède au jour des épousailles et bénédiction nuptiale,* etc.

II.

Usufruit séparé de la propriété par la disposition de l'homme.

1°. En donation, avec rétention d'usu‑fruit.

Ce n'est donner et retenir, quand l'on donne la propriété d'aucun héritage, retenu à soi l'usufruit à vie ou à temps, ou quand il y a clause de constitut ou précaire, et vaut telle donation. *Art.* 275.

2°. Dans la vente, soit de l'usufruit, soit de la nue propriété; *c'est ainsi qu'on nomme la propriété séparée de l'usufruit.*

Si aucun vend l'usufruit de son propre héritage, à personne étrange de son lignage, ledit usufruit ne chet en retrait. *Art.* 147.

3°. Dans le douaire préfix.

Le douaire, soit en espèces ou rente, *promis à une femme*, n'est qu'à vie de la femme tant seulement. *Art.* 263.

N. B. C'est-à-dire, que le douaire n'est présumé qu'en simple usufruit au profit de la veuve, si le contrat de mariage ne renferme une convention expresse au contraire; c'est ce qu'on nommoit *douaire sans retour.*

4°. Par la disposition du testateur.

N. B. Nous n'avons d'autre disposition, dans notre coutume, sur cet objet, que l'article 292, qui, autorisant la disposition testamentaire des meubles et acquêts, et du quint des propres, permettoit, par une conséquence nécessaire, au testateur, de séparer l'usufruit de la propriété, donnant l'usufruit à l'un, la propriété à un autre; car celui qui donne peut imposer telle condition qu'il veut à sa libéralité; le testateur qui laisse à son héritier ce qu'il pouvoit lui ôter, est censé donner; par-là même qu'il ne fait pas usage du droit que la loi lui avoit accordé.

III.

Distinction de l'usufruit, suivant les diverses natures de biens.

S'il y a bois taillis, étangs, saussaies, *et autres choses semblables, qui ne se coupent et perçoivent par chacun an,* les fruits se prennent, pour portion du temps qu'ils ont accoutumé être pris, coupés ou perçus, encore qu'ils ne soient coupés ou perçus en ladite année (du relief,) *les frais déduits sur lesdits fruits.* Art. 48.

N. B. La jouissance du seigneur, pendant la saisie faute d'homme, ou pendant l'année du relief en nature, étoit un véritable usufruit.

IV.

Actions que l'usufruitier a droit d'intenter.

Pendant la garde.... sont élus tuteurs ou curateurs aux mineurs, si besoin est, pour intenter, défendre et déduire les actions réelles et personnelles, *autres que pour les fruits échus pendant ladite garde ;* et les-dits gardiens n'étant tuteurs, ne les peuvent intenter ou déduire. *Art.* 270.

L'usufruitier d'un fief peut, à sa requête, périls et fortunes, faire saisir le fief, ou fiefs et arrière-fiefs ouverts, mouvans et dépen-dans du fief dont il jouit par usufruit, à faute d'homme, droits et devoirs non faits et non payés, *pourvu qu'en l'exploit qui sera fait, le nom du propriétaire du fief soit mis et apposé, sommation toutefois préalablement faite audit propriétaire, à sa personne, ou au lieu dominant, de faire saisir....* Art. 2.

SECTION II.

Engagemens de l'usufruitier envers le propriétaire.

I.

Jouir en bon père de famille.

Le seigneur féodal, par faute d'homme, droits et devoirs non faits et non payés, peut.... faire les fruits siens.... *à la charge d'en user par lui en bon père de famille.* Art. 1.

Le seigneur féodal qui met en sa main le fief mouvant de lui, par faute d'homme, droits et devoirs non faits, peut semblablement mettre en sa main tous les arrière-fiefs ouverts, dépendant d'icelui fief, *pour en jouir en bon père de famille.* Art. 54.

II.

Payer les charges, faire faire les réparations, et rendre, à la fin de l'usufruit, les héritages en bon état de toutes réparations viagères. Quelles sont ces réparations ?

Le gardien noble..... et pareillement le gardien bourgeois..... fait les fruits siens, durant la garde de tous les immeubles, tant héritages que rentes appartenans auxdits mineurs, assis en la ville de Paris ou dehors, *à la charge de.... payer et acquitter les charges annuelles que doivent lesdits héritages, et iceux entretenir de toutes réparations viagères, et en fin desdites gardes, rendre lesdits héritages en bon* état. Art. 267.

Aussi est tenu celui qui veut jouir du don mutuel, *faire faire les réparations viagères étant à faire sur lesdits héritages sujets audit don mutuel, et payer les cens et charges annuelles, et les arrérages, tant des rentes foncières que des autres rentes constituées pendant la communauté, échus pendant la jouissance dudit don mutuel, sans espérance de les recouvrer.* Art 287.

La femme qui prend douaire coutumier, est tenue entretenir les héritages des réparations viagères, *qui sont toutes répa-*

rations d'entretenement, hors les quatre gros murs, poutres et entières couvertures et voûtes. Art. 262.

III.

Donner caution.

Homme et femme conjoints par mariage... peuvent et leur loit, faire donation mutuelle l'un à l'autre.... de tous leurs biens meubles, et conquêts immeubles, faits durant et constant le mariage.... pour en jouir, par le survivant desdits conjoints, sa vie durant seulement, *en baillant par lui caution suffisante de restituer lesdits biens après son trépas....* Art. 280.

Et au cas que ladite femme ne se remarie, aura délivrance de son douaire, à sa *caution juratoire;* mais si elle convole en autre mariage, *sera tenue de bailler bonne et suffisante caution.* Art. 254.

N. B. Ces dispositions de nos coutumes ont été tirées des lois romaines, L. 1, dig. *de usuf. quemadm. cav.* L. 13. *Ibid. de usuf.* L. 8, *qui satis dare cog.* L. 7. *Ibid. de usuf. earum rerum quæ usu consum.* LL. 1 et 4, *C. de usuf.*

IV.

Engagemens particuliers de l'usufruitier des meubles. Faire inventaire,
et porter le prix des meubles à leur
véritable valeur, ou les vendre pour
jouir du prix, afin que la jouissance
de l'usufruitier ne détériore pas la propriété.

L'héritier peut demander, à l'encontre
dudit donataire mutuel, que nouvelle pri-
sée soit faite des meubles, par gens dont ils
conviendront, *pour être lesdits meubles
prisés à leur juste estimation*, autre que
celle faite par l'inventaire ; et en ce faisant,
ledit donataire aura la jouissance desdits
meubles, sans qu'il soit tenu les faire vendre.
Art. 288.

SECTION TROISIÈME.

Engagemens du propriétaire envers l'usufruitier.

I.

Le propriétaire ne peut préjudicier au droit de l'usufruitier.

…. Ne peut le propriétaire bailler main-levée (de la saisie féodale,) sinon en payant les droits audit usufruitier. *Art.* 2.

SECTION QUATRIÈME.

Fin de l'usufruit.

I.

Lorsque le terme de l'usufruit est expiré, l'usufruitier se réunit et consolide à la propriété, suivant l'expression des jurisconsultes.

…. *Doit tel douaire , après le trépas de la femme , revenir aux héritiers du mari ,* s'il n'y a contrat au contraire. *Art.* 263.

.... Et après le décès desdits père et mère qui ont joui desdits biens par usufruit, lesdits biens retournent aux plus proches parens desdits enfans desquels procèdent lesdits biens. Art. 314.

..... Et enfin desdites gardes rendre les héritages en bon état. Art. 267.

Comparaison des dispositions du droit romain et de celles du nouveau code.

I.

Double définition de l'usufruit.

La loi première dig. *de usuf.* définit l'usufruit *jus, alienis rebus utendi, fruendi, salvâ rerum substantiâ.* « Le droit de jouir » de la chose d'autrui sans en dénaturer la » substance. »

Les instituts au même titre se servent à peu près des mêmes expressions: *Usus fructus est jus utendi, fruendi, salvâ rerum substantiâ.* « L'usufruit est le droit d'user » et de jouir, sans dénaturer la substance » des choses. » Ce qu'on peut exprimer en un seul mot, *que l'usufruit est une préli bation momentanée sur la pleine pro-priété.*

Cette définition est adoptée par le nou-veau code :

« L'usufruit est le droit de jouir des choses
» dont un autre a la propriété ; mais à la
» charge d'en conserver la substance. »

Code civil, art. 571.

Domat change quelque chose à la défini-tion des lois romaines :

« L'usufruit est le droit de jouir d'une
» chose dont on n'est pas propriétaire, *la*
» *conservant en entier, et sans la détério-*
» *rer ni la diminuer.* » Lois civiles, Liv. Ier.
L. XI, sect. 1. N. (1).

Il en dit la raison dans le préambule de ce titre, que les choses dont on ne peut faire usage qu'en les consumant, telles que le bled, le vin, l'argent, etc. ; ne sont pas susceptibles d'usufruit proprement dit. Si celui en la possession duquel ces choses sont remises n'avoit pas le droit de les aliéner, ce seroit un dépôt, non un usufruit. S'il les consume par l'usage, même à la charge d'en restituer la valeur, c'est une aliénation con-ditionnelle de la propriété. C'est la distinc-tion que nous avons observée entre le contrat que les Romains nommoient *locatum-conductum*, « location , bail à loyer , » et le *mutuum, quasi ex meo tuum reddens* , « une convention par laquelle je rends tien » ce qui étoit mien. » Les meubles meublans ne sont pas même susceptibles d'usufruit proprement dit ; car l'usage les détériore nécessairement.

Les lois romaines , dont sont tirées les définitions rapportées , admettoient cette distinction.

Constituitur ususfructus non tantùm in fundo et œdibus , verum etiam in servis et jumentis et cæteris rebus : exceptis iis quæ ipso usu consumuntur. Nam hæ res , neque naturali ratione neque civili , recipiunt usumfructum ; quo in numero sunt vinum , oleum , vestimentum. Quibus proxima est pæcunia numerata ; namque ipso usu , permutatione quodam modo extinguitur. Sed utilitatis causâ senatus censuit , posse , etiam earum rerum usumfructum constitui ; ut tamen eo nomine hæredi utiliter caveatur. Itaque si pæcuniæ ususfructus legatus sit , itâ datur legatario ut ejus fiat, et legatarius satisdet hæredi de tantâ pæcuniâ restituendâ , si moriatur aut

II.   20

*capite minuatur. Cæteræ quoque res itâ
traduntur legatario ut ejus fiant; sed æsti-
matis his satisdatur, ut si moriatur, aut
capite minuatur, tanta pecunia restituatur,
quanta hæ fuerint æstimatæ. Ergo senatus
non fecit quidem earum rerum usumfructum, (nec enim poterat) sed per cautionem
quasiusumfructum constituit.* Inst. Eod.
§. 3.

« L'usufruit s'établit non-seulement sur
» des fonds de terre ou des maisons, mais
» sur des esclaves, des chevaux, des bes-
» tiaux, et sur toutes autres choses, excepté
» celles qui se consument par l'usage. Car
» ces choses, ni par la raison naturelle, ni
» par la loi civile, ne sont susceptibles d'u-
» sufruit; telles sont le vin, l'huile, les vête-
» mens, auxquelles on peut ajouter l'argent
» monnoyé : car il s'éteint par l'usage, et
» l'échange journalier qu'il exige. Et cepen-
» dant, à cause de l'utilité, le sénat a dé-
» crété qu'on pourroit léguer l'usufruit
» même de ces choses, pourvu que, pour
» la sûreté de l'héritier, le légataire donnât
» caution solvable. Ainsi, si l'usufruit d'une
» somme d'argent a été légué, cette somme
» est remise au légataire et devient sienne,

» en donnant par lui caution de la restituer
» s'il vient à mourir, sóit naturellement,
» soit civilement; (ce que les Romains
» nommoient *maxima et media capitis*
» *diminutio.* Voy. *au titre des Personnes.*)
» Les autres choses sont de même livrées
» au légataire, et deviennent siennes, à la
» charge qu'elles seront estimées, et qu'il
» donnera caution d'en restituer la valeur,
» selon l'estimation, s'il vient à mourir, soit
» naturellement ou civilement. Le sénat n'a
» donc pas fait que ces choses fussent sus-
» ceptibles d'usufruit; (il ne le pouvoit
» pas) mais d'un *quasi usufruit;* au moyen
» du cautionnement qu'il a exigé. »

Le nouveau code repousse cette distinction, à laquelle se rapporte cependant,
dans le droit romain, la définition de l'usufruit qu'il adopte.

« Il (l'usufruit) peut être établi sur toute
» espèce de biens meubles et immeubles. »

Code civil, art. 544.

II.

De deux espèces d'usufruit; par la

loi, ou par la volonté de l'homme, et de sa durée.

« L'usufruit est établi par la loi, ou par » la volonté de l'homme. » *Code civil*, art. 572.

(1) Nous avons rapporté, dans la première partie de ce titre, les divers usufruits séparés de la propriété que le droit commun du pays coutumier admettoit; dans la saisie féodale; dans le relief; dans la garde noble et bourgeoise; dans la succession ascendante; dans le douaire, etc. Le droit romain et le nouveau code ne connoissent d'autre usufruit résultant de la loi que ceux établis par le titre des successions légitimes.

Quant à la volonté de l'homme, tous actes soit entre-vifs, soit testamentaires, émanés du propriétaire, relatifs à des biens disponibles, peuvent séparer l'usufruit de la propriété nue.

Ususfructus à proprietate separationem accipit; idque pluribus modis accidit; ut eccè si quis usumfructum alii legaverit; nam hæres habet proprietatem, legatarius usumfructum.... Sine testamento vero si quis velit usumfructum alii cons-

tituere, pactionibus et stipulationibus id efficere debet. Inst. Eod §. 1.

« L'usufruit est séparé de la propriété de
» plusieurs manières ; exemple, si l'usu-
» fruit a été légué à quelqu'un, l'héritier
» aura la propriété nue, le légataire l'usu-
» fruit.... De même, hors du testament,
» si quelqu'un veut constituer un usufruit
» en faveur d'un tiers, il le doit faire par
» une convention et des stipulations ex-
» presses.... »

(2) Le mot usufruit emporte par lui-
même jouissance, pendant toute la vie naturelle ou civile, de l'usufruitier ; (*Voyez*
ci-dessus le §. 3. *Inst. Eodem.*) et cependant cette durée peut être restrainte, ou par
la loi, ou par la volonté de l'homme.

« L'usufruit peut être établi ou pure-
» ment, ou à certain jour, ou à condition. »
Code civil, ibid, *art.* 573.

« Si le titre de l'usufruitier... (dit Domat)
» en bornoit le droit pour commencer ou
» finir à un certain temps, ou à l'événement
» d'une certaine condition, le droit ne com-
» mencera ou ne cessera que lorsque la
» condition sera arrivée, ou le temps expiré.»

Lois civiles, Liv. Ier. T. XII, sect. VI,
n°. 11.

« Ecartant toutes les subtilités de l'ancien
» droit, (dit Justinien) nous ordonnons
» que si quelqu'un a laissé à son épouse un
» usufruit, pour durer jusqu'à un certain
» temps, ou jusqu'à ce que son fils, ou tout
» autre, soit parvenu à un certain âge, l'u-
» sufruit subsiste pendant toutes les années
» que le testateur a fixées; soit que la per-
» sonne dont l'âge a servi de mesure y par-
» vienne ou non; car le testateur n'a eu
» égard à la vie ou à la mort de la personne
» désignée, que pour indiquer le cours des
» années pendant lesquelles il accordoit la
» jouissance à son légataire; si toutefois le
» légataire de l'usufruit ne meurt avant le
» terme fixé, ou l'événement de la condi-
» tion résolutoire : car alors l'usufruit ne
» passeroit pas à sa postérité, étant de droit
» indubitable que l'usufruit s'éteint par la
» mort de l'usufruitier. »

Ambiguitatem antiqui juris decidentes
sancimus, cum quis uxori suæ, sive alii
cuicumque usufructum reliquerit, sub
certo tempore, in quod vel filius ejus vel
quisquam alius pervenerit, stare usum

*fructum in annos singulos in quos testator
statuit, sive persona de çujus ætate com-
positum est ad eam pervenerit sive non.
Neque enim ad vitam hominis respexit
sed ad certa curricula : nisi ipse cui ususfructus legatus sit ab hæc luce fuerit sub-
tractus ; tunc enim ad. posteritatem ejus,
usumfructum transmitti non est penitus
possibile, cum morte usumfructum penitus extingui, juris indubitati sit.* L. 12.
C. de usufructu.

« L'usufruit accordé jusqu'à ce qu'un
» tiers ait atteint un âge fixe, dure jusqu'à
» cette époque, *encore que le tiers soit
» mort avant l'âge fixé.* » Code civil,
art. 613.

Cette espèce nous conduit à une question
plus délicate, sur laquelle les lois romaines
semblent être tombé en contradiction avec
elles - mêmes. L'espèce qui y donne lieu est
la contre-partie de celle qui vient d'être
proposée. Là, la durée de l'usufruit est fixée
à un certain terme, à l'événement d'une certaine condition : l'usufruitier jouira jusqu'à
cette époque, jusqu'à l'événement de la condition ; ici, l'usufruit est légué à une corporation immortelle, une ville, une commu-

nauté, la république, et le propriétaire n'a pas déterminé le temps de sa durée. Sera-t-il immortel comme la corporation qui en profite ? Dans ce cas, la propriété conservée se réduiroit à un vain nom : ce qui n'est pas dans l'esprit des lois. *Ne tamen in universum essent inutiles proprietates, semper abscendente usufructu, placuit certis modis extingui usumfructum et ad proprietatem reverti.* Inst. Eod. §. 3. « Et » cependant, de peur que les propriétés, » toujours morcelées par l'usufruit, ne fussent inutiles, on a jugé convenable que » l'usufruit s'éteignît par certains moyens, » et se consolidât avec la propriété. »

Dans l'espèce proposée, les calculs auxquels se livre la loi 68. dig. *ad. L. falc.* semblent conduire à penser qu'un tel usufruit, concédé à un corps qui représente et la génération présente et les générations futures, doit être restraint à trente années, durée à laquelle fut évaluée, dans tous les temps, non la vie de l'homme, mais la révolution des âges les uns sur les autres. C'est ainsi qu'Homère nous dit que le sage Nestor « avoit » vu deux générations s'élever et dispa- » roître de dessus la terre, et qu'il régnoit

» sur la troisième. » *Iliade*, ch. 1er. Ce que tous les commentateurs expliquent de trente années par chaque génération. La loi citée applique expressément ce calcul aux legs d'usufruit faits à la république ; ainsi, « lors- » que quelqu'un a légué un usufruit à la ré- » publique, soit purement et simplement, » soit pour servir aux jeux de la scène, on » compte une durée de trente années. » *Sic denique si reipublicæ usus fructus legetur, sive simpliciter, sive ad ludos, trigenta annorum computatio fit.* L. 68. dig. ad Leg. falc. *in princ.* Et cependant la loi 8. dig. *de usu et usuf. leg.,* la loi 56. *Ibid de usuf.,* supposant un legs d'usufruit fait à des municipaux, l'étend jusqu'à cent ans, « comme » le terme le plus long de la vie humaine. » *Quia finis longævi hominis est.* L. 56. dig. *de usuf.*

Qui l'emportera, dans cette incertitude de la volonté du propriétaire, et ce conflit d'autorités ? L'intérêt public, qui ne permet pas que l'usufruit soit si long-temps séparé de la propriété, à cause du secours mutuel que ces droits se prêtent l'un à l'autre, en stimulant le zèle du propriétaire, que dégoûteroit une attente si longue, et prévenant les dégradations que l'avidité de l'usufruitier pourroit occasionner ; c'est un ressort qui tend sans cesse à rétablir l'équilibre entre ses parties.

Des deux opinions contraires, le nouveau code suit celle adoptée par Domat, dans le préambule de ce titre, qui réduit à trente années un tel usufruit.

« L'usufruit qui n'est pas accordé à des » particuliers, ne dure que trente ans. »

Code civil, art. 612.

III.

Des droits de l'usufruitier, suivant les diverses natures de fruits.

« L'usufruitier a le droit de jouir de toute » espèce de fruits, soit naturels, soit indus- » triels, soit civils, que peut produire » l'objet donné en usufruit. » *Code civil*, art. 575.

« Les fruits naturels sont ceux qui sont » le produit spontané de la terre.

» Le produit et le croît des bestiaux sont » aussi des fruits naturels.

» Les fruits industriels d'un fonds sont

» ceux qu'on obtient par la culture. » *Ibid*,
art. 576.

« Les fruits civils sont les loyers des
» maisons, les intérêts de sommes exigi-
» gibles, les arrérages de rentes. » *Ibid*,
art. 577.

N. B. Les lois romaines entrent dans plus de
détails.

Règle générale. « Tout ce qui est fruit,
» tout ce qui est revenu, appartient à l'usu-
» fruitier, soit qu'il provienne de la jouis-
» sance ou du loyer des maisons, des
» granges, et de toute espèce d'édifice.

*Omnis fructus ad fructuarium pertinet;
quicumque reditus est ad fructuarium pertinet.*

*Quæquæ obvenientia, sunt ex ædificiis,
ex areis et cæteris quæcumque ædium
sunt.* L. 7. in pr. et §. 1. dig. *de usuf.*

« Tout ce qui naît sur le fonds, tout ce
» qu'on en peut recueillir, est fruit du
» fonds. »

*Quidquid in fundo nascitur, quidquid
inde percipi potest ipsius in fructu est.*
L. 9. Eod. L. 59, §. 1. Eod.

« Selon mon opinion (dit le juriscon-
» sulte ,) les pépinières sont comptées au
» nombre des choses productives de fruits
» dont jouit l'usufruitier ; de manière ce-
» pendant qu'il lui soit permis d'en vendre
» les arbres , en les remplaçant. »

*Seminarii fructum puto ad usufructua-
rium pertinere; ita tamen ut et vendere ei
et seminare liceat. L. 9, §. 6. Eod.*

« L'usufruitier a le droit de couper le
» bois taillis mis en coupe réglée. »

*Silvam cæduam posse usufructuarium
cædere. D. L. §. ult.*

« S'il se trouve des abeilles sur le fonds,
» leur produit est compris au nombre des
» fruits dont jouit l'usufruitier. »

*Si apes in eo fundo sint, earum quoque
ususfructus ad eum pertinet. D. L. §. 1.*

« On peut léguer l'usufruit d'anciennes
» médailles d'or et d'argent, (non pour
» les consumer comme l'argent monnoyé)
» mais comme ornement, ainsi que les perles
» et les diamans. »

*Numismatum aureorum vel argenteo-
rum veterum ; quibus pro gemmis uti solent, ususfructus legari potest. L. 28.
Dig. Eod.*

« Il n'est pas jusqu'à une statue, jusqu'à
» un tableau, dont on ne puisse léguer l'usu-
» fruit; car ces choses ont quelqu'utilité si
» elles sont placées en lieu convenable. Il
» en est comme des fonds de terre, qui en-
» gagent quelquefois à plus de dépenses
» qu'ils ne donnent de profit, et dont l'usu-
» fruit peut cependant être légué. »

*Statuæ et imaginis fructum posse relin-
qui magis est : quia et ipsæ habent aliquam utilitatem si loco oportuno ponantur.
Licet prædia quædam talia sint ut magis
in ea impendamus, quam de illis acqui-
ramus, tamen usufructus eorum relinqui
potest. L. 41. Eod.*

Il résulte de ces détails que l'usufruit varie
suivant la nature des objets auxquels il s'applique.

VI.

Jouissance des fruits naturels ou industriels de la glèbe, conséquence de
la distinction des fruits pendans par
racines, et des fruits détachés du sol.

Ici la réciprocité est entière. Comme les
fruits pendans par racines font partie du

sol, ainsi que nous l'avons dit au titre *des
Choses*; les fruits pendans par racines, qui
se trouvent sur pied à l'époque de l'ouverture de l'usufruit, mûrs ou non, appartiennent à l'usufruitier; ceux récoltés, encore
sur le champ, au propriétaire grevé d'usufruit : de même les fruits que l'usufruitier
laisse à son décès, ou à l'époque fixée pour
la fin de l'usufruit, s'ils sont pendans par
racines, appartiennent au propriétaire; les
fruits récoltés, même sur le champ, à l'usufruitier.

*Si pendentes fructus, jam maturos, reli-
quisset testator fructuarius eos feret, si die
legati adhuc pendentes deprehendisset.
Nam stantes fructus ad fructuarium per-
tinent. L. 27. Dig. de usuf.*

*Si fructuarius messem fecit, et decessit,
stipulam quæ in messe jacet, hœredis ejus
esse, Labeo ait; spicam quæ terrâ teneatur domini fundi esse.... L. 8. In fin. dig.
de annuis leg.*

« Si le testateur a laissé des fruits pendans
» par racines, déjà mûrs, l'usufruitier les
» récoltera, s'il les trouve pendans au jour
» de l'ouverture de l'usufruit; car les fruits

» pendans par racines appartiennent à l'usu-
» fruitier.

» Si l'usufruitier a fait la moisson et est
» décédé, Labeon décide que la gerbe qui
» se trouve sur le champ appartient à
» l'héritier ; l'épi qui a sa racine dans la
» terre, au propriétaire du fonds....

» Les fruits naturels ou industriels, pen-
» dans par branches ou par racines, au mo-
» ment où l'usufruit est ouvert, appartien-
» nent à l'usufruitier.

» Ceux qui sont dans le même état au
» moment où finit l'usufruit, appartiennent
» au propriétaire, *sans récompense, de*
» *part ni d'autre, des labours et semences;*
» mais aussi sans préjudice de la portion
» qui pourroit être acquise au colon par-
» tiaire, s'il en existoit au commencement
» ou à la cessation de l'usufruit. » Car ce
partage est l'exécution d'une convention licite, faite par celui qui en avoit le droit.

Code civil, art. 578.

V.

De la jouissance intempestive ; ce qu'on entend par ce mot ?

On nomme jouissance intempestive l'avide précipitation par laquelle celui dont la fin de l'usufruit seroit déterminée à une certaine époque, ou qui, prévoyant sa fin prochaine, se hâteroit de séparer les fruits du sol avant leur maturité, pour se les approprier, ou à son héritier, au préjudice du propriétaire. Ces fruits, séparés du sol, n'en seroient pas moins mobilisés.

Silvam cœduam etsi intempestivè cœsa sit, in fructu esse constat : sicut olea immatura lecta ; item fœnum immaturum cœsum in fructu esse constat. L. 18. Dig. *de usuf.*

« Un bois taillis, quoique coupé intem-
» pestivement, n'est pas moins usufruit ; de
» même des olives cueillies, du foin scié
» avant la maturité, ne sont pas moins des
» fruits. »

Mais l'usufruitier ou son héritier seroient justement condamnés en des dommages-intérêts envers le propriétaire.

C'est l'usage des lieux qui détermine le temps de la récolte légitime des fruits dont il est plus utile de prévenir que d'attendre la maturité.

In fructu id esse intelligitur, quod ad usum hominis inductum est. Neque enim maturitas naturalis hic spectanda est, sed id tempus quo magis colono dominove eum fructum tollere expedit. Itaque cum olea immatura plus habeat reditus, quam si matura legatur, non potuit videri, si immatura lecta sit, in fructu non esse.

L. penult. dig. *de usu et usufruc. leg.*

« Tout ce qui a été introduit pour l'avan-
» tage de l'homme est légitime dans la ré-
» colte des fruits ; car on ne doit pas consi-
» dérer ici la maturité naturelle, mais le
« temps de la récolte qui est le plus utile
» au colon ou au propriétaire. Ainsi, comme
» l'olive verte est d'un plus grand produit
» que si elle étoit cueillie lorsqu'elle est
» parvenue à sa pleine maturité, elle ne doit
» pas moins être comprise dans les fruits,
» de ce qu'elle a été récoltée avant la ma-
» turité.

» Si l'usufruit comprend des bois taillis,
» *l'usufruitier est tenu d'observer l'ordre*

II. 21

» *et la quotité des coupes , conformément*
» *à l'aménagement ou à l'usage constant*
» *des propriétaires ;* sans indemnité toute-
» fois, pour l'usufruitier ou ses héritiers ,
» pour les coupes ordinaires , soit de bois
» taillis, soit de baliveaux , soit de futaie,
» qu'il n'auroit pas faites pendant sa jouis-
» sance , » (car ce seroit de sa part ou aban-
don volontaire , ou négligence , qui n'em-
pêcheroient pas la consolidation des fruits
pendans par racines à la propriété.)

« Les arbres qu'on peut tirer d'une pépi-
» nière , sans la dégrader , ne font aussi
» partie de l'usufruit, *qu'à la charge , par*
» *l'usufruitier , de se conformer à l'usage*
» *des lieux pour le remplacement.* »

Code civil, art. 583.

V I.

Des droits de l'usufruitier sur les bois
de haute-futaie ; comment restraints ?
conséquences des mêmes principes.

(1) « L'usufruitier profite.. *toujours en se*
» *conformant aux époques et à l'usage des*
» *anciens propriétaires ,* des parties de bois

» de haute-futaie qui ont été mises en coupes
» réglées, *soit que ces coupes se fassent
» périodiquement sur une certaine éten-
» due de terrain, soit qu'elles se fassent
» d'une certaine quantité d'arbres pris in-
» distinctement sur toute la surface du
» domaine.* » Code civil, art. 184.

(2) « ... Il peut employer, *pour faire les
» réparations dont il est tenu*, les arbres
» arrachés ou brisés par accident ; il peut
» même en faire abattre s'il est nécessaire ;
» *mais à la charge d'en faire constater la
» nécessité avec le propriétaire.* » Ibid,
art. 585.

*Materiam ipsum succidere, quantum ad
villæ refectionem, putat (Labeo) posse.*
L. 12, dig. *de usuf.*

« Labeon pense que (l'usufruitier) peut
» couper dans les bois les matériaux néces-
» saires pour la réfection du domaine. »

« .... Dans tous les autres cas, l'usufrui-
» tier ne peut toucher aux arbres de haute-
» futaie. » *Code civil,* ibid.

VII.

Autres conséquences des mêmes principes.

(3) « Il (l'usufruitier) peut prendre dans
» les bois des échalâs pour les vignes ; il peut
» aussi prendre sur les arbres des produits
» annuels ou périodiques ; *le tout suivant*
» *l'usage du pays, ou la coutume des pro-*
» *priétaires.* » Code civil, art. 586.

In silvâ cœduâ pedamenta et ramos
sumpturum; ex non cœduâ in vineam sump-
turum : dum ne fundum deteriorem faciat.
L. 10. Dig. *de usuf.*

« Prenant des pieux et des branches dans
» le bois taillis ; prenant des échalâs pour sa
» vigne ; même dans les bois non destinés à
» être coupés ; pourvu qu'il ne détériore pas
» le fonds. »

(4) Les arbres fruitiers qui meurent, ceux
» même qui sont brisés ou arrachés par ac-
» cident, appartiennent à l'usufruitier, *à la*
» *charge de les remplacer par d'autres.* »
(Car il doit supporter le dommage, comme
il a le profit.) *Code civil, art.* 587.

Arboribus evulsis, vel vi ventorum de-

jectis, usque ad usum suum et villæ posse usufructuarium Labeo aït. L. 12. Dig. *de usufructu.*

« Labeon dit que l'usufruitier peut em-
» ployer les arbres arrachés ou jetés bas par
» le vent , jusqu'à concurrence du besoin
» qu'il en a pour lui-même , ou pour l'uti-
» lité du domaine. »

(5) Tout ce qui accroît à la propriété,
accroît à l'usufruit.

C'est la disposition précise de la loi 9 ,
§. 4 , *dig. de usufr.,* qui s'applique spécialement à l'alluvion. *Placuit alluvionis quoque usumfructum ad usufructuarium pertinere.*

« Il a été décidé que l'usufruitier du fonds
» jouit aussi du bénéfice de l'alluvion. »

« L'usufruitier jouit de l'augmentation
» survenue , par alluvion , à l'objet dont il
» a l'usufruit. » *Code civil , art.* 589.

« Il jouit des droits de servitude , de pas-
» sage , et généralement de tous les droits
» dont le propriétaire peut jouir ; et il en
» jouit, comme le propriétaire lui-même, »
(à qui il les conserve.) *Code civil , art.*
590.

« Si une servitude est due à un fonds
» dont un autre jouit par usufruit, Mar-
» cellus.... approuve l'opinion de Labéon
» et de Nerva, qui pensent que le proprié-
» taire n'a pas le droit de la réclamer, »
(comme n'en pouvant faire usage tant que
l'usufruit dure) « mais que l'usufruitier la
» revendiquera.... »

Si fructuario servi tus debeatur, Mar-
cellus, lib. 8., apud Julianum, Labeonis
et Nervæ sententiam probat, existiman-
tium servitutem quidem eum vendicare non
posse, verum usufructuarium vendicatu-
rum.... L. 1. dig. *si ususfruct. put.*

(6) « Il jouit aussi, *de la même manière*
» *que le proprietaire*, des mines et car-
» rières *qui sont en exploitation à l'ou-*
» *verture de l'usufruit;* et néanmoins, s'il
» s'agit d'une exploitation qui ne puisse être
» faite sans une concession, l'usufruitier ne
» pourra en jouir qu'après avoir obtenu la
» permission du gouvernement. » *Code*
civil, art. 591.

« Il n'a aucun droit aux mines et car-
» rières *non encore ouvertes*, ni aux *tour-*
» *bières* dont l'exploitation n'est pas com-
» mencée, ni au trésor qui pourroît être

» découvert pendant la durée de l'usufruit. »
Ibid.

N. B. La distinction entre les mines, les carrières ouvertes par le propriétaire avant le commencement de l'usufruit, et celles qui ne l'ont pas été ; entre les tourbières dont l'exploitation est commencée et celle qui ne l'est pas. Dans le premier cas, le propriétaire a sacrifié le produit de la superficie à l'avantage qu'il retireroit de la fouille du sol ; il en avoit le droit. Il a transmis à l'usufruitier celui de jouir de la mine que son industrie lui a procurée, en remplacement des fruits dont la nature et ses travaux eussent couvert la superficie. Dans le second cas, l'usufruitier ne pourroit se procurer le même avantage que par un changement qui tient à la substance de la chose dont il est usufruitier ; ce qu'il n'a pas le droit de faire.

Quant au trésor, ce n'est pas un fruit, mais un dépôt censé confié à la glèbe par les anciens propriétaires. *Voyez* au titre *des Choses.*

(7) « L'usufruitier peut jouir par lui-
» même, donner à ferme à un autre, et
» même vendre ou céder son droit à titre
» gratuit.
» S'il donne à ferme, il doit se confor-
» mer, pour les époques où les baux doi-
» vent être renouvelés, et pour leur durée,
» aux règles établies *pour le mari à l'égard*

» *des biens de la femme , dans le titre du*
» *contrat de mariage , et des droits res-*
» *pectifs entre époux.* Code civil , art. 588.

Il est dans le même cas que tous les admi-
nistrateurs.

Aussi, dans notre ancien droit, les baux
dits *à longues années ,* (c'est-à-dire suivant notre usage , au-dessus de neuf ans)
étoient regardés comme des aliénations , et,
à ce titre , assujétis aux droits auxquels,
dans le régime féodal , donnoient lieu les
mutations de propriété.

Si l'usufruitier passe de tels baux ; ils sont
exécutoires contre lui , pendant la durée de
l'usufruit ; mais s'il décède avant l'époque
des baux , ils sont résous de droit par le
propriétaire , sans indemnité , comme nuls ,
quant à cet excédent.

Il n'en est pas de même des baux renfer-
més dans les termes prescrits par l'usage. Le
propriétaire n'est pas , il est vrai , tenu de
les maintenir , depuis la consolidation de
l'usufruit à la propriété nue ; comme l'usufruitier n'a pas été tenu , au moment de la
séparation de l'usufruit de la propriété , de
maintenir les baux faits par son prédécesseur.

*Quidquid in fundo nascitur, vel quid-
quid inde percipitur ad fructuarium pertinet ; sed, ad exemplum venditionis, nisi
specialiter sint exceptæ (pensiones) potest usufructuarius conductorem expel-
lere.* L. 59, §. 1. Dig. *de usufr.*

« Tout ce qui naît sur le fonds, tout ce
» qu'on en perçoit, appartient à l'usufrui-
» tier.... Mais, à l'exemple de l'acheteur,
» si (les fermages) n'ont été spécialement
» exceptés, l'usufruitier peut expulser le
» fermier. »

*Emptorem quidem fundi necesse non
est stare colono cui prior dominus loca-
vit, nisi eá lege emit...* L. 9. C. *Loc.* cond.

« L'acquéreur d'un domaine n'est pas
» tenu de conserver le colon à qui son pré-
» décesseur a loué, s'il n'a acheté en se sou-
» mettant à cette condition.... »

Mais ni l'usufruitier expulsant le fermier
légitimement établi par le précédent propriétaire, ni le propriétaire expulsant le
fermier légitimement établi par l'usufruitier, ne peuvent se dispenser d'indemniser
le fermier de la non jouissance qu'il éprouve,
s'il n'y a stipulation au contraire ; au quel cas

le fermier a son recours de garantie contre celui qui s'y est soumis ou ses héritiers.

Qui fundum colendum in plures annos locaverat, decessit, et eum fundum legavit. Cassius negavit posse cogi colonum ut eum fundum coleret, quia nihil hæredis interest. Quod si colonus vellet colere et ab eo cui legatus est fundus prohiberetur, cum hærede actionem colonum habere, et hoc detrimentum ad hæredem pertinere. L. 32. Dig. Loc. cond.

« Celui qui avoit affermé un domaine » pour plusieurs années, est décédé. Cas » sius nie que le colon puisse être forcé de » continuer le bail, parce que l'héritier dé » pouillé par le legs n'y a point d'intérêt; » (c'est une subtilité du droit romain : car l'héritier est tenu de la garantie envers le légataire); « mais si le colon veut conti » nuer, et en est empêché par le légataire, » il a action contre l'héritier, qui est tenu » de ses dommages-intérêts. »

VIII.

De quelques différences entre les dispositions des lois romaines adoptées par notre ancienne jurisprudence, et celles du nouveau code.

Les intérêts de l'argent, et autres choses qui se consument par l'usage, ne donnoient lieu qu'au *quasiusufruit*, et en général tous les fruits civils.

(1) La loi 58, *dig. de usufr.*, propose cette espèce :

Une usufruitière d'un domaine, dont la propriété appartient à la république, est décédée au mois de décembre ; tous les fruits ayant été récoltés, par le colon, dès le mois d'octobre précédent, on demande à qui appartiendront les fermages dont le paiement ne devoit être fait qu'aux calendes de mars suivant. Sera-ce à l'héritier de l'usufruitière en possession à l'époque de la récolte ? sera-ce à la république, qui avoit réuni l'usufruit à la propriété à l'époque de l'échéance des fermages ? ou se partageront-ils entre la république et l'héritier de l'usufruitier ? Le jurisconsulte répond : « que la » république n'a aucune action contre le » colon ; que l'usufruitière a droit de per- » cevoir l'année de fermage entière. »

Defunctá fructuariá , mense decembri , jam omnibus fructibus qui in agris nascuntur , mense octobri per colonos sublatis , quæsitum est utrum pensio hæredi fructuariæ solvi debeat; quamvis fructuaria , ante kalendas martias , quibus pensiones inferri debent, decesserit; an dividi debeat inter hæredem fructuariæ et rempublicam cui proprietas legata est ? Respondi rempublicam quidem cum colono nullam actionem habere; fructuariæ vero hæredem , suá die , secundum ea quæ proponerentur , integram pensionem percepturum. L. 58. Dig. *de usufr.*

Telle étoit notre ancienne jurisprudence. Lorsque l'usufruit ne s'ouvroit qu'après la récolte des fruits , les fermages , quoiqu'échus depuis la séparation de l'usufruit de la propriété appartenoient au propriétaire , comme représentatifs des fruits. Si l'usufruit finissoit après la récolte des fruits , les fermages , bien qu'échus postérieurement , appartenoient à l'usufruitier ou à sa succession ; ce qui donnoit lieu à de nombreux procès.

Cette règle ne recevoit d'exception qu'en matière bénéficiale ; parce que l'usufruit des

biens ecclésiastiques, accordé au bénéfi-
cier, n'étant censé que la récompense des
fonctions qu'il étoit tenu de remplir, se di-
visoit naturellement entre ceux qui avoient
acquitté les charges.

Le nouveau code tranche la difficulté en
plaçant les fermages au nombre des fruits
civils, et les partageant entre le propriétaire
et l'usufruitier, pour portion de temps.

« Les fruits civils sont les loyers des mai-
» sons, les intérêts des sommes exigibles,
» les arrérages des rentes.

» *Le prix des baux à ferme est aussi*
» *rangé dans la classe des fruits civils.* »
                    Code civil, art. 577.

« Les fruits civils sont réputés s'acquérir
» jour par jour, *et appartiennent à l'usu-*
» *fruitier, en proportion de la durée de*
» *son usufruit.*

» Cette règle s'applique *au prix des*
» *baux à ferme,* comme aux loyers des
» maisons et autres fruits civils. »
                    Code civil, art. 579.

(2) Dans notre ancien droit, l'argent
monnoyé, et les autres choses qui se consument par l'usage, n'emportoient pas intérêt, si vous exceptez les deniers pupillaires

et autres cas privilégiés , dont il a été parlé dans la première partie du titre *des Choses*. La stipulation d'intérêts , sans aliénation du principal , étoit même regardée comme usuraire , dans les provinces où elle n'étoit pas autorisée par des lois formelles. Ce qui constituoit le *quasiusufruit* de ces choses , pour parler le langage des instituts , se bornoit au délai accordé à l'emprunteur quasiusufruitier , pour restituer la somme prêtée , ou la valeur des effets mobiliers qu'il avoit consumés. Ce droit ne subsiste plus ; c'est par ce motif que le nouveau code place ces choses au nombre de celles dont les intérêts se divisent , pour portion de temps, entre le propriétaire et l'usufruitier.

« Si l'usufruit comprend des choses dont
» on ne peut faire usage sans les consumer,
» comme l'argent, les grains, les liqueurs,
» l'usufruitier a le droit de s'en servir ; mais
» à la charge de rendre pareille quantité et
» valeur, où leur estimation, à la fin de
» l'usufruit. » *Code civil*, art. 580.

(3) Les rentes viagères sont un usufruit civil représentatif de l'usufruit réel. Le nouveau code met fin aux contestations auxquelles la nature de ces rentes avoit donné

lieu. *Voyez* la première partie du titre *des Choses.*

« L'usufruit d'une rente viagère donne....
» à l'usufruitier, pendant la durée de son
» usufruit, le droit d'en percevoir les arré-
» rages, *sans être tenu à aucune restitu-*
» *tion.* » Code civil, art. 581.

(4) Dans les meubles et autres objets qui ne se consument pas par l'usage, mais se détériorent, cette détérioration, si elle n'est occasionnée par le dol ni la fraude de l'usufruitier, est la suite de la jouissance qui lui a été accordée; elle ne donne donc lieu à aucune indemnité.

« Si l'usufruit comprend des choses qui,
» sans se consumer, se détériorent peu à
» peu par l'usage, comme du linge, des
» meubles meublans, l'usufruitier a le droit
» de s'en servir, *pour l'usage auquel elles*
» *sont destinées,* et n'est obligé de les
» rendre, à la fin de l'usufruit, que dans
» l'état où elles se trouvent, *non détério-*
» *rées par son dol ou sa fraude.* »

Code civil, art. 582.

I X.

Des obligations du propriétaire et de l'usufruitier.

On peut réduire à deux principes ces obligations respectives.

De la part du propriétaire, ne donner atteinte, par son fait, aux droits et à la jouissance de l'usufruitier.

De la part de l'usufruitier, jouir en bon père de famille.

Montrons que les décisions des lois romaines, et toutes celles du nouveau code, depuis l'article 592 jusqu'au 609ᵉ inclusivement, sont la conséquence de ces principes :

(1) « Le propriétaire ne peut, par son » fait, ni de quelque manière que ce soit, » nuire aux droits de l'usufruitier. »

Code civil, art. 595.

Ainsi, « sous prétexte d'amélioration, il » ne peut changer l'état de la chose dont un » autre a l'usage ; car ce qu'il regarderoit » comme une amélioration, pourroit être » considéré comme une détérioration. »

Neratius : Usurariæ rei speciem, in cujus

*proprietas est nullo modo commutare po-
test. Paulus ; deteriorem enim causam
usarii facere non potest. Facit autem deteriorem in meliorem statum commutatá.*
L. ult. dig. de *usu et hab.*

Cette loi ne parle que du simple usager,
dont le droit est plus restraint que celui de
l'usufruitier ; à plus forte raison doit - elle
s'appliquer à l'usufruitier. L'usufruitier peut
améliorer, mais sans changer la substance
de la chose dont il a l'usufruit ; c'est la définition même de l'usufruit : *Salvá rerum substantiá* : « conservant la substance de la
» chose. » Mais, « il ne peut, à la cessation
» de l'usufruit, réclamer aucune indem-
» nité, pour les améliorations qu'il préten-
» droit avoir faites, *encore que la valeur
» de la chose en fút augmentée.* » Code
civil, art. 592.

« Il peut cependant, ou ses héritiers, en-
» lever les glaces, tableaux et autres orne-
» mens qu'il auroit fait placer ; (car ces
» objets sont un mobilier qu'il n'est pas
» censé avoir mis à perpétuelle demeure,
» puisqu'il n'étoit pas propriétaire), *mais à
» la charge de rétablir les lieux dans
» leur premier état.* » Code civil, *ibid.*

II.   22

(2) « *L'usufruitier prend les choses dans*
» *l'état où elles sont ;* mais il ne peut en-
» trer en jouissance qu'après avoir fait dres-
» ser, *en présence du propriétaire, ou lui*
» *dûment appelé*, un inventaire des meu-
» bles, et un état des immeubles sujets à
» l'usufruit. » *Code civil.*, art. 593.

Cette obligation n'est qu'un conseil dans
la loi romaine.

Recte facient et hæres et legatarius;
qualis res sit, cum frui incipit legatarius,
si in testatum redigerint, undè possit ap-
parere an et quatenus rem pejorem lega-
tarius fecerit. L. 1, §. 4. Dig. *de usufr. et*
quem admodum. cav.

« L'héritier et le légataire se conduiront
» sagement, si, avant que le légataire entre
» en jouissance, ils rédigent un écrit qui
» les mette en état de connoître si et de
» combien le légataire aura détérioré l'ob-
» jet sujet à son usufruit. »

(3) Le propriétaire est en droit d'exiger
de l'usufruitier, qu'avant d'entrer en jouissance, il donne caution d'administrer en bon
père de famille.

Si cujus rei ususfructus legatus sit
æquissimum prætori visum est, de utroque

legatarium cavere et usurum se boni viri arbitratu, et cum ususfructus ad eum pertinere desinet, restituturum quod inde extabit. L. 1. Dig. *ibid.*

« Si un usufruit a été légué à quelqu'un,
» il a paru très-équitable au préteur que le
» légataire donnât caution et de jouir en
» bon père de famille, et de restituer à la
» fin de l'usufruit.

» Il donne caution de jouir en bon père
» de famille, *s'il n'en est dispensé par*
» *l'acte constitutif de l'usufruit.* »

Exception. « Cependant, le père et la
» mère, ayant l'usufruit légal du bien de
» leurs enfans, *le vendeur et le donateur,*
» sous réserve d'usufruit, ne sont pas tenus
» de donner caution. »

Code civil, art. 594.

La loi romaine, à défaut d'une caution réelle, se contentoit d'une sûreté quelconque, même de la seule caution juratoire.

Le nouveau code tient une balance plus équitable entre l'intérêt du propriétaire et celui de l'usufruitier.

« Si l'usufruitier ne trouve pas de cau-
» tion, les immeubles seront affermés et
» mis en séquestre.»

Les capitaux compris dans l'usufruit seront placés.

Les denrées (existantes à l'ouverture de l'usufruit) seront vendues, et le prix en provenant placé.

Les meubles meublans qui dépérissent par l'usage, seront pareillement vendus, (si le propriétaire l'exige) et le prix placé ; *et cependant l'usufruitier pourra demander, et les juges pourront ordonner, (* suivant les circonstances) *qu'une partie des meubles nécessaires pour son usage lui soit délaissée, sous sa simple caution juratoire, et à la charge de les représenter à l'extinction de l'usufruit.*

« Les intérêts de ces sommes et le prix
» des fermes appartiennent à l'usufruitier. »
Code civil, art. 595 *et* 596.

(4) « Ni le propriétaire, ni l'usufruitier,
» ne sont tenus de rétablir ce qui est tombé
» de vétusté. » *Code civil, art.* 600.

Est enim ususfructus jus in corpore, quo sublato et ipsum tolli necesse est. L. 2. Dig. *de usuf.*

« Car l'usufruit est un droit sur le corps,
» qui, n'existant plus, (par une force ma-

» jeure) il est nécessaire que l'usufruit soit
» anéanti. »

Distinguons toutefois :

« Si l'usufruit n'est établi que sur un ani-
» mal qui vient à périr sans la faute de l'u-
» sufruitier, celui-ci n'est pas tenu d'en
» rendre un autre, ou d'en payer l'estima-
» tion. » *Code civil, art.* 628.

« Si le troupeau sur lequel un usufruit a
» a été établi, *périt entièrement, par ac-*
» *cident ou par maladie, et sans la faute*
» *de l'usufruitier,* celui-ci n'est tenu, en-
» vers le propriétaire, que de lui rendre
» compte des cuirs ou de leur valeur. »
Code civil, art. 609.

« Si le troupeau ne périt pas entière-
» ment, l'usufruitier est tenu de remplacer,
» jusqu'à concurrence du croît, les têtes
» des animaux qui ont péri. » *Ibid.*

Car ce croît lui a été abandonné pour
cet usage ; l'excédent seul est *in fructu,*
comme parlent les jurisconsultes.

« L'usufruitier n'est tenu que des frais
» des procès qui concernent la jouissance,
» et des condamnations auxquelles ces pro-
» cès peuvent donner lieu. » *Code civil,*
art. 606.

Mais jouissant comme représentant le propriétaire, « si, pendant la durée de l'u-
» sufruit, un tiers commet quelque usur-
» pation sur le fonds, ou attente autrement
» aux droits du propriétaire, l'usufruitier
» est tenu de le dénoncer à celui-ci ; faute
» de ce, il est responsable de tout le dom-
» mage qui en peut résulter pour le pro-
» priétaire, comme il le seroit des dégrada-
» tions commises par lui-même. »

Code civil, art. 607.

(6) « L'usufruitier n'est tenu que des ré-
» parations d'entretien. »

*Eum ad quem ususfructus pertinet,
sarta lecta suis sumptibus prestare debere, explorati juris est. Proinde si quid
ultrà quam impensare debebas, eroga-
tum potes docere, solemniter reposes.*
L. 7. C. *de usufr.*

« Il est de droit reconnu que celui à qui
» l'usufruit appartient doit tenir les édifices
» clos et couverts. Ainsi, si tu peux cons-
» tater que tu as dépensé quelque chose au
» delà de ce que tu devois dépenser, tu es en
» droit de le répéter.

» Les grosses réparations demeurent à la
» charge du propriétaire, *à moins qu'elles*

» *n'aient été occasionnées par le défaut*
» *de réparations d'entretien, depuis l'ou-*
» *verture de l'usufruit......* »

Code civil, art. 598.

Ce qu'il est souvent difficile de prouver. Dans le doute, de quel côté penchera la balance de la justice ? Contre l'usufruitier ; car il étoit tenu de veiller.

Quant à la distinction des réparations viagères, ou usufruitières, et des grosses réparations, le nouveau code copie la disposition de la coutume de Paris, regardée comme le droit commun en cette matière, avec quelques additions.

« Qui sont toutes réparations d'entretien-
» nement, hors les quatre gros murs, pou-
» tres et entières couvertures et voûtes. »

Coutume de P aris, art. 262.

« Les grosses réparations sont celles des
» gros murs et des voûtes, le rétablisse-
» ment des poutres et des couvertures en-
» tières ; *celui des digues et des murs de*
» *soutennement et clôtures.*

» Toutes les autres réparations sont d'en-
» tretien. » *Code civil*, art. 599.

(7) « L'usufruitier est tenu, pendant sa
» jouissance, de toutes les charges annuelles,

» telles que les contributions et autres ; qui ,
» *dans l'usage ,* sont censées charges des
» fruits. » *Code civil ,* art. 601.

» A l'égard des charges qui peuvent être
» imposées sur la propriété , pendant la
» durée de l'usufruit ; l'usufruitier et le pro-
» priétaire y contribuent ainsi qu'il suit :

» Le propriétaire est obligé de les payer ,
» et l'usufruitier doit lui tenir compte des
» intérêts.

» Si elles sont avancées par l'usufruitier ,
» il a la répétition du principal , à la fin de
» l'usufruit. » *Code civil ,* art. 600.

(8) « Le légataire particulier n'est pas
» tenu des dettes auxquelles le fonds est
» hypothéqué ; (car l'hypothèque est un
» droit réel qui affecte la propriété.) S'il est
» forcé de les payer , (par l'action hypo-
» thécaire) il a son recours contre le pro-
» priétaire , sauf ce qui a été dit au titre
» *des Donations et Testamens ,* art. 309. »
Code civil , art. 604.

C'est-à-dire , en se conformant aux in-
tentions du testateur.

(9) Le legs universel , ou à titre universel , présente d'autres embarras , par
l'obligation qu'il impose à ceux qui sont

revêtus de ce titre, d'acquitter les dettes de la succession jusqu'à concurrence de l'émolument. Le nouveau code décide ces questions par le même principe.

« L'usufruitier ou universel, ou à titre
» universel, doit contribuer avec le pro-
» priétaire au paiement des dettes, ainsi
» qu'il suit :

» On estime la valeur du fond sujet à
» usufruit ; on fixe ensuite la contribution
» aux dettes, à raison de cette valeur.

» Si l'usufruitier veut avancer la somme
» pour laquelle le fond doit contribuer, le
» capital lui en est remboursé à la fin de
» l'usufruit, *sans aucuns interêts.* » (Car la privation de ces intérêts est la portion contributoire de l'usufruitier à la dette commune.)

« Si l'usufruitier ne veut pas faire cette
» avance, le propriétaire a le choix ou *de*
» *payer cette somme ;* et dans ce cas l'usu-
» fruitier lui tient compte des intérêts pen-
» dant la durée de l'usufruit ; ou de faire
» vendre, jusqu'à due concurrence, une
» portion des biens sujets à l'usufruit. »

Code civil, ibid.

(10) « Le legs fait par un testateur d'une

» rente viagère ou pension alimentaire ;
» doit être acquitté par le légataire univer-
» sel de l'usufruit, dans son intégrité , et
» par le légataire universel de la propriété,
» dans la proportion de sa jouissance , sans
» aucune répétition de leur part. »

Code civil, art. 5o3.

Cette rente viagère , acquittée par le légataire universel en usufruit , forme un usufruit civil enté sur un usufruit naturel qui
en diminue la valeur. Il n'y a donc que la
portion qui excède la durée de l'usufruit qui
soit à la charge de l'héritier.

X.

Comment l'usufruit prend fin ?

(1) L'homme ne jouit que pendant sa vie.
L'usufruit finit donc par la mort naturelle
de l'usufruitier ; c'est ce qui le distingue de
la propriété, bienfait de la loi qui pourvoit
à la génération présente et aux générations
futures.

*Morte amitti usumfructum non recepit
dubitationem; cum jus fruendi morte ex-
tinguatur, sicut quid aliud quod personæ*

cohæret. L. 3, §. ult. dig. *quibus modis ususfruct. amitt.*

« Il n'y a pas de doute que l'usufruit ne
» soit éteint par la mort de l'usufruitier,
» ainsi que tout ce qui tient à la personne. »

La mort civile est assimilée à la mort naturelle ; ce que les Romains nommoient *la plus grande et la moyenne capitisdiminutio*, qui privoit celui qui l'avoit encourue ou de la vie et de la liberté, ou seulement de la liberté. (*Voyez* au titre des *Personnes*.) L'une et l'autre produisent, quant à l'ordre civil, le même effet ; elles mettent donc fin à l'usufruit.

Finitur ususfructus morte fructuarii et duobus capitis diminutionibus maximá et mediá. Inst. *de usufruct.* §. 3.

« L'usufruit finit par la mort naturelle et
» par deux *capitis diminutionibus*, la plus
» grande et la moyenne.

» L'usufruit s'éteint par la mort naturelle
» et par la mort civile de l'usufruitier. »

Code civil, art. 610.

(2) « Par l'expiration du temps auquel
» il est accordé. » *Ibid.*

« Si un usufruit m'a été légué sous con-
» dition ; dans l'intervalle, jusqu'à l'échéance

» de la condition; la jouissance demeure à
» l'héritier, qui a même le droit de la lé-
» guer à un tiers; mais la condition du legs
» qui m'a été fait, étant arrivée, le legs
» d'usufruit fait par l'héritier s'évanouit. »

Si sub conditione mihi legatus sit usus-
fructus; medio tempore sit pœnès hœre-
dem: potest hœres usumfructum alio le-
gare. Quœ res facit ut si conditio extiterit
mei legati, ususfructus ab hœrede relic-
tus finiatur. L. 16. Dig. *quibus modis usus-*
fruc. vel us. fin.

Il en est de même de toute condition résolutoire.

(3) De quelque manière que l'usufruit et
la propriété nue se trouvent dans la même
main, l'usufruit est éteint par la *confusion*
ou *consolidation.*

Item finitur ususfructus, si domino pro-
prietatis ab usufructuario cedatur; (nam
cedendo extraneo nihil agitur) vel ècon-
trario si usufructuarius proprietatem rei
acquisierit: quœ res consolidatio appella-
tur. Inst. *de usuf* §. 3.

« L'usufruit est éteint, si l'usufruitier le
» cède au propriétaire; (car il n'en seroit
» pas ainsi, si c'étoit à un étranger) ou si

» l'usufruitier vient à acquérir la propriété;
» ce qui se nomme *consolidation.*

» Par la consolidation, ou réunion sur
» la même tête des deux qualités d'usufrui-
» tier et de propriétaire. » *Code civil*, ibid.

(4) « Par le non usage pendant trente
» ans. » *Code civil*, ibid.

....*Et non utendo per modum et tempus.*

Inst. *de usuf.* §. 3.

Ces mots *per tempus* répondent à la prescription que le propriétaire peut acquérir
de l'usufruit dont il étoit grevé, par le défaut de réclamation de celui qui avoit droit
à cet usufruit, pendant trente années; nous
en parlerons dans un autre lieu.

Nous avons vu au n°. 11, malgré les variations et les contrariétés des lois romaines
sur cette question, cette même durée de
trente années fixée comme le terme le plus
long de l'usufruit accordé à ces corps qui ne
meurent pas, les villes, les communautés,
la république elle-même.

Nous avons vu, comme dans nos substi-
tutions abrogées, la condition apposée à la
disposition pour indiquer le terme de son
extinction, indépendante de la disposition
en elle-même, comme une ligne de démar-

cation qui peut être effacée, sans donner atteinte à l'exécution de la volonté du donateur ou testateur. *Code civil, art.* 612 *et* 613.

(5) Le *per modum* du paragraphe *des instituts*, « par la manière de jouir, » indique une cinquième cause d'extinction, un abus tel que le propriétaire courût risque de la perte de sa chose, s'il ne se hâtoit de réclamer la protection de la justice pour le dépouillement de celui qui s'est rendu coupable d'un tel abus.

« L'usufruit peut aussi cesser par l'abus
» que l'usufruitier fait de sa jouissance, soit
» en commettant des dégradations sur le
» fonds, soit en le laissant périr faute d'en-
» tretien. » *Code civil, art.* 611.

Et cependant ni par un abus, ni par une renonciation frauduleuse, l'usufruitier ne peut nuire à ses créanciers.

« Les créanciers de l'usufruitier peuvent
» intervenir dans la contestation pour la
» conservation de leurs droits ; ils peuvent
» offrir la réparation des dégradations com-
» mises, et des garanties pour l'avenir.

» Les juges peuvent, suivant la gravité
» des circonstances, ou prononcer l'extinc-

» tion absolue de l'usufruit, ou n'ordonner
» la rentrée du propriétaire dans la jouis-
» sance de l'objet qui en est grevé, qu'à la
» charge de payer annuellement à l'usu-
» fruitier, ou à ses ayans cause, une somme
» déterminée, jusqu'à l'instant où l'usufruit
» sera ouvert. » *Code civil, art.* 611.

« Les créanciers de l'usufruitier peuvent
» faire annuller la renonciation qu'il auroit
» faite à leur préjudice. »

Code civil, art. 615.

(6) La dernière cause d'extinction de l'u-
sufruit est la *ruine totale* de l'objet grevé,
par un tremblement de terre, par un incendie, par une inondation et autres forces
majeures : *Sublato corpore et ipsum tolli
necesse est.* L. 2, dig. *de usufr.* « Le sujet
» étant anéanti, l'usufruit dont il étoit la base
» ne peut subsister. »

Nous disons la *ruine totale ;* car « si une
» partie seulement de la chose sujette à l'usu-
» fruit est détruite, l'usufruit se conserve
» sur ce qui reste. » *Code civil, art* 616.

*Si ususfructus insulæ legatus est, quan-
diu quœlibet portio hujus insulæ remanet,
totius soli usufructum retinet.* L. 53, dig.
de usufr.

« Si l'usufruit d'une île a été légué , tant
» qu'il en subsiste une portion quelconque,
» elle conserve le droit au total. »

Et cependant la loi romaine et le nouveau
code distinguent l'usufruit qui renferme une
sorte d'universalité , tel qu'un domaine dont
les terres subsistent quoique les bâtimens
soient anéantis ; de celui qui ne s'applique
qu'à un seul objet , comme l'usufruit d'une
maison qui n'existe plus , si elle a été incen-
diée ou détruite de fond en comble.

*Certissimum est exustis œdibus , nec
cœmentorum usufructum deberi. L. 5 ,
§. 3. Quibus modis usuf. vel us. amittitur.*

« Il est très-certain que la maison ayant
» été brûlée , l'usufruit même des matériaux
» n'est pas dû. »

*Caro et corium mortui pecoris in fructu
non est, quia mortuo eo usufructus extinguitur. L. penult. eod.*

« La chair et le cuir d'une bête morte ne
» sont des fruits , parce que l'usufruit est
» éteint par la mort de l'animal qui en étoit
» l'objet. »

*Planè si proprietarius hoc fecit , ex tes-
tamento et dolo tenebitur. L. 5 , §. ult. quibus modis usufruct. vel us. amitt.*

« Cependant, si c'est le propriétaire qui
» ait causé ce dommage, il sera tenu de son
» dol.

» Si l'usufruit n'est établi que sur un bâ-
» timent, et que ce bâtiment soit détruit
» par un incendie ou autre accident, ou
» qu'il s'écroule de vétusté, l'usufruitier
» n'aura le droit de jouir ni du sol ni des
» matériaux. » *Code civil, art.* 617.

« Si l'usufruit étoit établi sur un domaine
» dont le bâtiment fasse partie, l'usufruitier
» jouira du sol et des matériaux. »

Code civil, ibid.

X I.

De l'usage et de l'habitation.

Le nom seul suffit pour distinguer ces
droits du plein usufruit.

User, c'est se servir d'une chose pour
l'objet auquel elle est destinée, et l'appliquer à ses besoins.

Jouir, c'est tirer de la chose tous les avantages qu'elle peut produire, user de tout le
droit qu'auroit le propriétaire, sauf l'aliénation et le changement de substance.

II. 23

Cui usus relictus est uti potest, frui non potest. L. 2. Dig. *de usu et hab.*

« Celui à qui l'usage d'une chose a été
» laissé peut en *user;* il ne peut en jouir.

» Les droits d'usage et d'habitation se
» règlent par le titre qui les a établis, et
» reçoivent, d'après ses dispositions, plus
» ou moins d'étendue.

» Si le titre ne s'explique pas sur l'étendue
» de ces droits, ils sont réglés ainsi qu'il
» suit. » (*Code civil, art.* 621 *et* 622.)

(1) « Celui qui a l'usage des fruits d'un
» fonds *ne peut en exiger qu'autant qu'il*
» *en faut pour ses besoins et pour ceux*
» *de sa famille.*

» Il peut en exiger pour les besoins même
» des enfans qui lui sont survenus depuis la
» concession de l'usage. »

Code civil, art. 623.

N. B. Ces mots, *et pour ceux de sa famille ;* car
toutes les fois qu'un droit d'usage ou d'habitation est
établi, il comprend, *même sans qu'il soit exprimé,*
tous ceux que la loi de la nature identifie avec l'usager ; sa femme, son époux, ses enfans.

Domus usus relictus est aut marito aut
mulieri. Si marito potest habitare , non

solus ; sed cum familiâ quoque suâ. L. 2,
§. 1. Dig. *de usu et hab.*

« L'usage d'une maison a été laissé ou au
» mari, ou à la femme. Si c'est au mari, il
» peut y habiter, non seul, mais avec sa
» famille. »

*Mulieri autem si usus relictus sit, posse
eam et cum marito habitare Quintus Mu-
tius primus adscripsit.......* L. 4. dig. §. 1.
Ibid.

« Si l'usage (d'une maison) a été laissé à
» une femme, Quintus-Mutius est le pre-
» mier qui ait écrit qu'elle pouvoit y habi-
» ter avec son époux..... »

*Quid ergo si viduæ legatus sit usus ? an
nuptiis contractis, post constitutum usum,
mulier habitare cum marito possit ? et est
verum posse eam, et postea nubentem habitare.* L. 4. dig. eod.

« Quoi donc, si l'usage d'une maison a
» été légué à une veuve, pourra-t-elle y
» habiter avec celui qu'elle aura épousé
» après l'établissement de l'usage ? et il
» est vrai que, même ayant passé à de
» deuxièmes noces, elle peut y habiter.

» Celui qui a un droit d'habitation dans
» une maison, peut y demeurer avec sa

» famille, *quand même il n'auroit pas été*
» *marié à l'époque où ce droit lui auroit*
» *été donné.* »

Code civil , art. 625.

(2) « Si le fonds dont l'usage a été laissé
» est si modique que les besoins de l'usa-
» ger et de sa famille en consument tous
» les fruits , il les absorbera ; mais il ne
» pourra pas en mettre en réserve d'une
» année sur l'autre. »

Fundi usu legato , licebit usario et ex
penu quod in annum capere , licet me-
diocris prædii eo modo fructus consu-
mantur..... L. 15 dig. *de us. et hab.*

« Si l'usager absorbe tous les fruits du
» fonds , ou s'il occupe la totalité de la
» maison , il est assujéti aux frais de cul-
» ture , aux réparations d'entretien , et au
» paiement des contributions , comme l'usu-
» fruitier.

» S'il ne prend qu'une partie des fruits ,
» ou s'il n'occupe qu'une partie de la mai-
» son , il contribue au *prorata* de ce dont il
» jouit. » *Code civil , art.* 628.

(3) « L'usager ne peut céder ni louer son
» droit à un autre. »

Code civil , art. 624.

« Le droit d'habitation ne peut être cédé
» ni loué. » *Code civil, art. 627.*

Ici le nouveau code, considérant les droits
d'usage et d'habitation comme purement
personnels, porte la rigueur au delà de
la loi romaine, au moins quant à l'habitation.

*Si quidem habitationem quis relique-
rit, ad humaniorem declinare sententiam nobis visum est et dare legatario
etiam locationis licentiam. Quid enim
distat sive ipse legatarius maneat, sive
alio cedat ut mercedem recipiat. L. 13.
C. de usufruct.* inst. *de usu et habit.* §. 2.

« Si l'habitation d'une maison a été
» laissée à quelqu'un, il nous a paru plus
» humain de donner au légataire, même la
» permission de la louer. Qu'importe en
» effet qu'il l'occupe par lui-même, ou
» qu'il cède son droit à un autre pour en
» percevoir le loyer. »

(4) « Les droits d'usage et d'habitation
» s'établissent et se perdent de la même
» manière que l'usufruit. »

Code civil, art. 618.

« On ne peut en jouir, comme dans le
» cas de l'usufruit, sans donner préala-

» blement caution, et sans faire des états
» et inventaires. »

Code civil, art. 618.

« L'usage des bois et forêts est réglé par
» des lois particulières. »

Code civil, art. 629.

TITRE VII.

Des servitudes ou services fonciers.

(*Lois civiles , Liv. I*er*. tit. XII.*)

Nous sommes parvenus à la partie la plus aride de la carrière que j'ai entrepris de parcourir, (*les servitudes , ou services territoriaux qui modifient la propriété.*)

J'ai ajouté , avec le nouveau code, ces mots, *ou services territoriaux ;* car des trois espèces de servitudes dont nous parlent les jurisconsultes, *personnelle, réelle et mixte , la servitude personnelle ,* si fréquente dans le premier âge de la monarchie, conservée jusqu'à nos jours dans quelques-unes de nos coutumes , étoit repoussée depuis long-temps, et par la coutume de Paris, et par le droit commun de la France. La *servitude mixte , (la main-morte réelle ,)* qui grevoit la personne par une suite de la possession du *meix main-mortable ,* admise dans quelques coutumes, où l'on rencontroit un mélange du droit romain et de droit coutumier, telles que les coutumes du duché et comté de Bourgogne, reste de l'anarchie féodale, converti dans ses domaines, en redevance pécuniaire, par le plus bienfaisant et le plus infortuné des monarques, ne subsiste plus.

Il ne s'agit donc dans ce titre d'aucune de ces deux espèces de servitude; mais des *services réels* auxquels les propriétés sont assujéties les unes envers les autres, soit par la nature, soit par la volonté de l'homme; c'est-à-dire, par la concession ou expresse ou présumée par une longue possession, de l'un des propriétaires envers l'autre; *quilibet rei suæ est moderator et arbiter, nisi lex arbitrium tollat.* L. 21. Dig. mand.

« Chacun est le maître de disposer de sa » chose, à volonté, si la loi (c'est-à-dire » l'intérêt public) ne gêne sa liberté. »

En ce sens, l'usufruit, l'usage de la chose donnée, léguée, aliénée par le propriétaire sous cette condition, au profit de lui-même ou d'un autre, sont des servitudes, avec cette seule différence que l'usufruit et l'usage sont temporaires, les servitudes dont il s'agit dans ce titre, perpétuelles, parce qu'elles affectent l'héritage grevé, et sont transmises avec lui, si la prescription ou les autres moyens dont il sera parlé par la suite ne l'en ont déchargé; sans toutefois donner à l'immeuble au profit duquel la servitude est établie, aucune supériorité, aucune prérogative de noblesse sur celui qui est assujéti, telle qu'elle existoit dans notre ancien droit, dans le domaine direct des seigneurs de fief, sur le domaine utile de leurs vassaux ou censitaires, double propriété anéantie comme le dernier vestige de la féodalité. Elle n'est conservée maintenant, cette supériorité, qu'au gouvernement, en vertu du pacte social, *sous la condition d'une juste et préalable indemnité.* Code civil, art. 556.

Tous ces principes sont développés par les premières dispositions de ce titre du nouveau code.

« Une servitude est une charge imposée
» sur un héritage, pour l'usage d'un héri-
» tage appartenant à un autre propriétaire. »
Code civil, *art.* 630.

« *La servitude n'établit aucune préé-*
» *minence d'un héritage sur l'autre.* »
Ibid, *art.* 631.

« Elle dérive *de la situatiou naturelle*

» *des lieux*, *ou des obligations imposées*
» *par la loi*, *ou des conventions* (ajoutez
» *ou disposilions*) *des propriétaires.* »

Ibid, art. 63a. «

Les servitudes ou services réels des héritages les uns envers les autres, considérés
sous ces trois points de vue, se subdivisent
en deux classes ; servitudes appelées *rusti-*
ques par les lois, parce qu'elles sont plus
communes à la campagne que dans les villes,
qu'elles intéressent spécialement la culture
des terres, bien que les maisons des villes y
puissent être assujéties comme les biens de
campagne.

Rusticorum praediorum jura sunt haec
iter, actus, aquae ductus.

Inst. *de servit. in pr.*

« Les servitudes rustiques sont le droit
» de passage, sur le terrain d'autrui, à pied,
» à cheval, avec des voitures, le cours
» d'eau. »

Les servitudes nommées *urbaines*, parce
qu'elles ont un rapport direct aux habitations des hommes, quelque part qu'elles
soient situées, telles que « l'obligation de
» supporter les charges du voisin, le droit

» d'appuyer unepoutre sur le mur d'autrui,
» le droit d'égoût, de puisard, et tout ce
» qui y est relatif, le droit de vues, qui est
» double, le droit d'empêcher le voisin
» d'élever un bâtiment qui offusque la vue
» de votre maison, et le droit d'ouvrir des
» vues sur le terrain d'autrui. »

Praediorum urbanorum servitutes sunt hae quae aedificiis cohaerent; ideoque urbanorum aedificiorum dictae, quoniam aedificia omnia urbana praedia appellamus, etsi in villâ aedificata sint. Item urbanorum praediorum servitutes sunt hae, ut vicinus onera vicini sustineat, ut in parietem ejus liceat vicino tignum immittere, ut stillicidium, vel flumen recipiat quis in aedes suas, vel in aream, vel in eloacam; vel non recipiat, et ne altius tollat aedes suas ne luminibus vicini officiat.

Ibid, §. 1.

« Les servitudes urbaines sont celles qui
» sont attachées aux édifices; ainsi appelées,
» parce que nous nommons *maisons*, *châ-*
» *teaux*, tous les bâtimens, quoiqu'élevés
» à la campagne. Ces servitudes sont... »

Nous parcourrons d'abord ces deux genres

de servitude sous les trois sources dont elles dérivent , la nature , la loi , la volonté de l'homme, expresse ou présumée par la longue tolérance.

Parvenus à cette dernière classe , nous rapprocherons la disposition de notre coutume, qui ne reconnoissoit aucune servitude sans un titre formel, des dispositions du droit romain et de celles du nouveau code qui tient un juste milieu entre la faveur sans bornes accordée par le droit romain à la possession , et l'excessive sévérité de la coutume de Paris , qui la repousse , dans tous les cas , sans un titre formel.

Nous passerons ensuite aux droits et obligations respectives du propriétaire grevé , et de celui au profit duquel la servitude est établie.

Enfin, aux causes d'où résulte l'extinction des servitudes.

I.

Des servitudes naturelles résultantes de la situation des lieux , et premièrement des servitudes rurales.

Nous avons dit que ces servitudes se

réduisoient à deux d'après le texte des *ins-*
tituts, (*iter*, *actus*,) qui sont la même plus
ou moins développée, « le droit de passage
» sur l'héritage d'autrui, soit à pied, à che-
» val ou avec des voitures, » *acquæ ductus*,
» le cours d'eau. »

« Les eaux, dit l'orateur du gouverne-
» ment, se placent au premier rang des ser-
» vitudes qui dérivent de la situation des
» lieux. C'est par la nature que les fonds in-
» férieurs sont assujétis à recevoir les eaux
» qui découlent des héritages supérieurs. »
Discours du conseiller d'état Berlier.

Nonobstant la justesse de cette réflexion,
nous suivrons l'ordre qui nous est tracé par
les instituts; non-seulement parce que les
lois concernant le droit de passage sont plus
courtes, moins susceptibles de discussion;
mais parce que l'obligation du propriétaire
qui environne de toutes parts l'héritage d'autrui, de lui livrer passage, à la charge d'une
juste indemnité, résulte du droit naturel qui
ne permet à personne de nuire à autrui, sans
profit pour lui-même.

(1) « Si quelqu'un, dit la loi romaine,
» est propriétaire d'un sépulcre; (car c'est
» particulièrement des choses religieuses

» que les législateurs romains se sont occu-
» pés en cette partie) qu'il n'ait point de
» chemin pour y arriver, et qu'il en soit
» empêché par son voisin, l'empereur An-
» tonin a déclaré, conjointement avec son
» père adoptif, (Adrien).... qu'il est d'u-
» sage que le propriétaire du sépulcre de-
» mande et obtienne un chemin précaire
» pour parvenir au sépulcre.... Le préfet
» contraindra donc ce voisin de lui donner
» passage, moyennant une juste ind mnité;
» de manière cependant qu'il considère la
» situation du terrain, et pourvoie à ce que
» le voisin en reçoive le moindre dommage
» qu'il sera possible. »

*Si quis sepulcrum habet, viam autem
ad sepulcrum non habeat, et a vicino
ire prohibeatur : imperator Antoninus
cum patre rescripsit iter ad sepulcrum
pati precario et concedi solere... Praeses
autem compellere debet, justo pretio iter
ei praestari, ita tamen ut judex etiam de
oportunitate loci prospiciat, ne vicinus
magnum patiatur detrimentum.*

L. 11. Dig. de rel.

L'étendue de cette servitude, c'est-à-dire

l'obligation du propriétaire de l'héritage grevé de livrer passage, soit à pied, à cheval ou en voiture, est fixée par les titres ou par la possession. C'est ce que les instituts distinguent par ces trois mots, *itér,* « le chemin; » *actus,* « le droit d'y conduire un cheval attelé; » *via,* « la route pleine. »

Iter est jus eundi et ambulandi hominis, non etiam jumentum et vehiculum.

« Le chemin (ou plutôt le sentier) est le
» droit d'aller et de venir, non d'y mener
» un cheval ou d'y faire passer une voi-
» ture. »

.... *Actus est jus agendi jumentum vel vehiculum.*

« Le droit de conduire une bête de somme
» ou un char. »

.... *Itér et actum via in se continet.*

Inst. de serv. in princ.

« Le mot route renferme les deux droits. »

Le propriétaire dont les fonds sont enclavés, et qui n'a aucune *issue sur la voie publique,* peut réclamer un passage sur les fonds de ses voisins, pour l'exploitation de son héritage, *à la charge d'une indemnité proportionnée au dommage qu'il peut occasionner.* Code civil, art. 675.

Le passage doit régulièrement être pris du côté où le trajet est le plus court, du *fonds enclavé à la voie publique.*

Ibid, *art.* 676.

Néanmoins il doit être fixé dans l'endroit le moins dommageable à celui sur le fonds duquel il est accordé. *Ibid*, art. 677.

L'action en indemnité... est prescriptible, et le passage doit être continué, quoique l'action n'en soit plus recevable.

Ibid, art. 678.

(2) La deuxième espèce de servitude naturelle, nommée *acquæ ductus*, « le cours d'eau, » est double ; elle renferme l'obligation, de la part du propriétaire du terrain supérieur, après avoir fait de ce bienfait de la nature l'usage qu'il lui a plu, de ne pas l'intercepter de manière à en priver le propriétaire du terrain inférieur, et de la part du propriétaire inférieur, de supporter le dommage qui peut résulter de la chute trop abondante de ces eaux ; ce que les lois romaines appellent *stillicidium aquæ ductus*, « égoût, pente naturelle de l'eau. »

« Il y a (dit l'un de nos plus savans juris-

» consultes) quelques servitudes auxquelles
» la nature même a assujéti certains héri-
» tages par leur propre situation ; par exem-
» ple, l'héritage inférieur est naturellement
» obligé de recevoir les eaux qui coulent de
» celui qui est au-dessus, et le propriétaire
» de l'héritage inférieur ne peut faire chaus-
» sées ou autres ouvrages pour faire remon-
» ter l'eau. (*Toto titulo dig. de aquâ et aquâ*
» *pluviæ arcend.*) Comme aussi le proprié-
» taire de l'héritage supérieur ne peut faire
» des saignées ou fossés pour faire écouler
» des eaux dans les héritages voisins ; il ne
» peut rompre des digues ou chaussées na-
» turelles ou artificielles qui empêchent que
» les eaux nuisent aux voisins ; il ne peut
» faire des canaux ni d'autres ouvrages qui
» détournent les eaux qui couloient chez le
» voisin, pour les faire couler dans son héri-
» tage ; en un mot, il ne peut rien faire qui
» nuise aux commodités que la nature avoit
» données à l'héritage voisin. » (*Toto tit.*
dig. de aquâ quotid. et est.) Argou, institution au droit français, Liv. 11, Ch. VII.

Le nouveau code résume en peu d'articles
tous ces principes.

« Les fonds inférieurs sont assujétis,

» envers ceux qui sont plus élevés, à rece-
» voir les eaux *qui en découlent naturel-*
» *lement,* sans que la main de l'homme y
» ait contribué.

» Le propriétaire inférieur ne peut élever
» de digue qui empêche cet écoulement. »

Code civil, art. 633.

« Celui qui a une source dans son fonds,
» peut en user à sa volonté, sauf le droit
» que le propriétaire du fonds inférieur
» pourroit avoir acquis par titre ou pres-
» cription. » *Ibid,* art. 634.

Ajoutez, ou qui résulte de la situation
même des lieux ; car de même qu'il est obligé
de supporter les eaux qui surchargent le terrain supérieur, aussi ne doit-il pas être privé
des avantages que le, cours naturel de l'eau
peut lui procurer, soit pour l'irrigation de
son sol, soit pour l'entretien de ses moulins
et autres usines. C'est ce que décide l'article 636, relativement au cours d'eau « qui
» fournit aux habitans d'une commune,
» village ou hameau, l'eau qui leur est né-
» cessaire, » *à la charge toutefois d'une*
indemnité, à dire d'experts, pour l'at-
teinte portée à la propriété de la source
qui a pris naissance sur son terrain.

Ce que la commune entière a le droit d'exiger, pourquoi le particulier, à qui la nature a fait le même don, ne l'obtiendroit-il pas aux mêmes conditions, si cette eau est assez abondante pour former ce que l'on nomme une *eau courante ?*

« Celui dont la propriété borde une eau » courante, autre que celle qui est déclarée » dépendante du domaine public par l'ar-» ticle 531, (les rivières navigables et flot-» tables) peut s'en servir, à son passage, » pour l'irrigation de ses propriétés.

» Celui dont cette eau traverse l'héritage, » peut même en user dans l'espace qu'elle » parcourt; *mais à la charge de la rendre,* » *à la sortie de ses fonds, à son cours or-* » *dinaire.* » Ibid, *art.* 637.

« S'il s'élève une contestation entre les » propriétaires auxquels ces eaux peuvent » être utiles, les tribunaux, en prononçant, » doivent concilier l'intérêt de l'agriculture, » avec le respect dû à la propriété, et dans » tous les cas, les réglemens particuliers et » locaux sur le cours des eaux doivent être » observés. » *Code civil, art* 638.

II.

Des servitudes établies par la loi en général.

Ces servitudes se divisent, comme toutes les autres, en deux espèces; l'une concerne les lois qui ont pour objet, dans les villes, et même dans les édifices situés à la campagne, la salubrité, le danger des incendies, la solidité des bâtimens; l'autre, le bornage des héritages, le droit de parcourre, les vaines pâtures.

Les lois romaines renferment peu de lois sur la matière des servitudes; presque toutes relatives à l'interprétation des conventions ou des dispositions qui les ont établies, presqu'aucune relative aux servitudes légales en elles-mêmes. J'en citerai cependant deux.

Premier exemple. On sait que les anciens ne séparoient le grain de la paille qu'en plaçant les gerbes sur l'aire, les foulant sous les pieds des chevaux et les roues des chars, et laissant au vent le soin d'enlever la paille légère.

Une contestation s'élève entre deux propriétaires voisins, dont l'un a élevé son mur

de manière à intercepter le vent, et empêcher qu'il ne puisse séparer de la paille les
grains contenus dans les gerbes exposées sur
l'aire de son voisin ; l'empereur Justinien
décide qu'il n'en a pas eu le droit, parce
qu'il importe au public que le grain puisse
être séparé de la paille.

*Cum apertissimi juris est fructus aridos
conculcatione quæ in areâ fit suam naturam et utilitatem ostendere.... sancimus ne-
mini licere sic œdificare vel alio modo ver-
sari, ut idoneum ventum et sufficientem
ad præfatum opus infringat, et inutilem
domino aream, et fructuum inutilitatem
faciat.* L. 14, §. 1. C. *de servit. et aquâ.*

« Comme il est de droit très - certain que
» les fruits secs ne montrent leur nature et
» leur utilité que par le foulage des gerbes
» dans l'aire.... nous défendons à toute per-
» sonne de bâtir de manière qu'il intercepte
» à son voisin le vent convenable et suffisant
» pour cet ouvrage, et rende ainsi inutile
» au propriétaire et son aire et les gerbes
» qu'il a recueillies. »

Deuxième exemple. « Deux propriétés
» voisines sont séparées par la voie publi-
» que ; cette circonstance n'empêche pas

» que l'un des propriétaires de ces héritages
» ne puisse être assujéti envers l'autre aux
» servitudes de chemin à pied, à cheval, en
» voiture, de cours d'eau, de vue; mais il
» ne peut stipuler (sans une concession ex-
» presse des représentans de la chose publi-
» que) qu'il aura le droit de poser une
» poutre, d'élever un plancher qui porte
» sur le mur de son voisin; de faire passer
» un égout ou un ruisseau par le terrain de
» ce voisin; car le ciel de la voie publique
» doit être libre. »

Si intercedat solum publicum vel via publica, neque itineris, actusve, neque altius tollendi, servitutes impedit; sed immittendi, protegendi, prohibendi; item fluminum vel stellicidiorum servitutem impedit: quia cœlum quod supra id solum intercidit liberum esse debet. L. 1. Dig. *de servitut. prœd. urban.*

« Il y a peu de principes généraux, dans
» le droit romain, touchant les servitudes
» de ville, *autres que ceux qui convien-*
» *nent à toutes sortes de servitudes;* »
(c'est-à-dire, comme nous l'avons observé,
concernant l'interprétation des titres cons-
titutifs de la servitude) « et il y en a beau-

» coup, au contraire, dans la coutume de
» Paris et dans la plupart des autres. Cette
» différence vient de ce que, dans le droit,
» il n'y avoit point de mur mitoyen, entre
» deux voisins, *s'ils n'en convenoient ex-*
» *pressément.* Ceux même qui vouloient
» bâtir étoient obligés de laisser un espace
» de deux pieds et demi entre leur bâtiment
» et celui du voisin ; ce qui rendoit la plu-
» part des maisons isolées : d'où il advient
» que, dans la plupart des lois, les maisons
» sont appelées des *îles.* »

Argou, inst. Liv. 11, Ch. VII.

« Les empereurs Antonin et Verus ont res-
» crit que le propriétaire ou tout autre peu-
» vent bâtir, à leur volonté, sur un terrain
» qui n'est assujéti à aucune servitude, *en*
» *laissant vide l'espace fixé par la loi*
» entre son terrain et *l'île* voisine. »

Imperatores Antoninus et Verus Au-
gusti rescripserunt: in areâ quæ nulli ser-
vitutemde bet, posse dominum vel alium
voluntate suâ œdificare intermisso legi-
timo intervallo A VICINA INSULA.

L. 14. Dig. *de serv. præd. urb.*

« Le seul principe que nous ayons tou-
» chant le mur mitoyen, (car il pouvoit y

» en avoir par la convention des parties)
» c'est que l'un des voisins n'y peut point
» appliquer de canaux malgré l'autre pour
» conduire l'eau du ciel ou d'un reservoir. »

L. 19 Dig. *ibid.* Argou , *ibid.*

Ce qui etoit rare , dans l'ancienne Rome, est ordinaire depuis que l'immense population de nos cités , non-seulement resserre les édifices et les accumule, mais élève jusqu'à deux, trois, quatre et jusqu'à cinq villes l'une sur l'autre.

« Les nombreuses dispositions de nos
» coutumes sur le mur mitoyen , (et quel-
» ques autres objets relatifs aux servitudes
» urbaines établies par la loi) nous offrent
» un guide plus sûr , plus adapté à notre
» situation.

» (Le nouveau code) les a puisées surtout
» dans *la coutume de Paris....* »

Discours du conseiller d'état *Berlier.*

Que nous reste - t - il à faire dans cette Analyse ?

De rapprocher les deux lois, de les expliquer l'une par l'autre.

III.

On rapproche les dispositions de la coutume de Paris, concernant les servitudes urbaines établies par la loi, des dispositions du nouveau code.

Principes généraux.

(1) On nomme servitudes légales toutes celles qui résultent de la disposition d'une loi qui gêne la liberté naturelle du propriétaire, soit qu'elles aient pour objet l'intérêt public, ou celui des propriétaires voisins. On déroge aux unes par des titres et par la prescription; les autres ne sont susceptibles d'aucune exception.

« Les servitudes établies par la loi ont
» pour objet l'utilité publique ou commu-
» nale, ou l'utilité des particuliers. »
Code civil, art. 624.
« Celles établies pour l'utilité publique
» ou communale, ont pour objet le marche-
» pied des rivières navigables ou flottables,
» la construction ou réparation des chemins
» et autres ouvrages publics.
» Tout ce qui concerne cette espèce de

» servitude est déterminé par des lois et
» réglemens particuliers. » *Ibid,* art. 643.

« La loi assujétit les propriétaires à diffé-
» rentes obligations l'un à l'égard de l'autre.»
Ibid, art. 644.

« Partie de ces obligations est réglée par
» le code rural. »

N. B. Les articles 643, 644, et cette disposition de
l'art. 645, regardent les servitudes rurales ; nous en
parlerons plus amplement dans le numéro suivant.

La deuxième partie, les servitudes urbaines, dont il est question ici.

« Les autres sont relatives au mur et fossé
» mitoyens, aux cas où il y a lieu, à contre-
» mur, aux vues sur la propriété du voisin,
» à l'égoût des toits, au droit de passage. »
Ibid.

(2) *Du mur mitoyen.* On appelle ainsi le
mur qui sépare deux héritages appartenant
à différens propriétaires.

« Tout édifice est censé appartenir au
» propriétaire du sol sur lequel il est cons-
» truit. » *Omne quod œdificatur solo cedit.*
§. 29. Inst. *de rerum div.*

Voyez le titre des *Choses.*

Div. Mais sur le terrain de qui a été élevé

un mur limitrophe entre deux propriétés
qui se touchent ? Le fait est facile à constater, quand la bâtisse est récente. Il n'en est
pas de même quand elle est ancienne. C'est
pour mettre le magistrat en état de la déci-
der, sans engager les parties en de coûteuses
enquêtes, souvent inutiles, que la coutume
de Paris et le nouveau code ont recours à
des présomptions légales.

Règle générale, commune à notre ancien
droit et au nouveau.

(3) *Personne ne peut donner atteinte,
par son fait, à la propriété d'autrui.*

« Il n'est loisible à un voisin de mettre ou
» faire mettre et loger poutres et solives de
» sa maison dans le mur d'entre lui et son
» voisin, *si ledit mur n'est mitoyen.* »

Coutume de Paris, art. 206.

« Tout co-propriétaire peut faire bâtir
» *contre un mur mitoyen,* et y faire placer
» poutres et solives, dans toute l'épaisseur
» du mur, à cinquante-quatre myriamètres
» (deux pouces) près, *sans préjudice du
» droit qu'a le voisin de faire réduire,
» à l'ébauchoir, la poutre jusqu'à la moi-
» tié du mur,* dans le cas où il voudroit

» lui - même asseoir des poutres dans le
» même lieu, ou y adosser une cheminée. »

Code civil, art. 65o.

« L'un des voisins ne peut pratiquer,
» dans le corps d'un mur mitoyen , aucun
» enfoncement, ni y appliquer ou appuyer
» aucun ouvrage , sans le consentement de
» l'autre, ou sans, à son refus, faire régler,
» par experts , les moyens nécessaires pour
» que le nouvel ouvrage ne soit pas nui-
» sible aux droits de l'autre. »

Code civil , art. 655.

(4) A quelles conditions un mur non
mitoyen peut le devenir ?

Si aucun veut bâtir contre un mur *non
mitoyen, faire le peut, en payant moitié
tant dudit mur, que fondation d'icelui jusqu'à son heberge* (élévation), ce qu'il est
tenu payer par avant que démolir, ni bâtir;
en l'estimation duquel mur est comprise la
valeur de la terre sur laquelle ledit mur est
fondé et assis , au cas que celui qui a fait le
mur l'ait tout pris sur son héritage.

Cout. de Paris , art. 194.

« Tout propriétaire joignant un mur a la
» faculté de le rendre mitoyen *en tout ou
» en partie,* en remboursant au maître du

» mur *la moitié de la valeur, ou la moi-*
» *tié de la portion qu'il veut rendre mi-*
» *toyenne,* et moitié de la valeur du sol sur
» lequel il est bâti. » *Code civil, art.* 654.

N. B. Il résulte de ces articles qu'avant d'appuyer son bâtiment contre un mur non mitoyen, il faut le rendre mitoyen, en payant moitié tant du sol que de la construction. Le propriétaire du mur non mitoyen sera donc forcé, dans ce cas, d'aliéner sa propriété? — Sans doute; et cette exception au droit commun est fondée sur une autre règle d'équité naturelle, qui ne permet à personne de nuire à autrui, sans profit pour lui-même; ce qui arriveroit, si la mauvaise humeur du propriétaire du mur non mitoyen étant autorisée, le voisin se trouvoit contraint de construire un contre-mur pour appuyer son édifice.

(5) Quels murs sont réputés mitoyens de droit, et comment le mur non-mitoyen doit être désigné?

Tous murs séparant cours et jardins sont réputés mitoyens, *s'il n'y a titre au contraire....* Ibid, *art.* 211.

Filets doivent être faits accompagnés de pierre, pour connoître que le mur est mitoyen ou à un seul. *Ibid,* art. 214.

N. B. Si le mur étoit plus ancien que l'an 1580, époque de la réformation de la coutume de Paris, qui a prescrit les filets, ou que la loi n'eût pas été observée, ce mur seroit réputé mitoyen, sans qu'il fût besoin de recourir aux titres pour connoître la date de sa construction, et celle des bâtimens qui y sont appuyés; car en supposant que l'un des propriétaires eût bâti avant l'autre, et que le mur dût être censé, par cette raison, pris sur son terrain, ce voisin n'eût pu appuyer son bâtiment contre le mur, qu'en le rendant mitoyen, suivant l'art. 194 de notre coutume, et il seroit censé l'avoir fait, à défaut de preuve contraire.

« Dans les villes et les campagnes, tout » mur servant de séparation entre bâtiment » jusqu'à l'héberge, ou entre cours et jar- » dins, et même dans les champs, est pré- » sumé mitoyen, *s'il n'y a titre ou marque* » *au contraire.* » Code civil, art. 646.

« Il y a marque de non mitoyenneté lors- » que la sommité du mur est droite et à » plomb de son parement, d'un côté, et » présente de l'autre un plan incliné.

» Lors encore qu'il n'y a que d'un côté » chaperon, ou filets, ou corbeaux de pierre » qui auroient été mis en bâtissant le mur.

» Dans ce cas, le tout est censé apparte- » nir au propriétaire du côté où sont l'égout » ou les côtés et filets de pierre. »

Ibid, art. 647.

(6) Distinction entre la police des villes et celle de la campagne, quant aux murs mitoyens.

Chacun peut contraindre son voisin, ès villes et faubourgs de la prévôté et vicomté de Paris, à contribuer pour faire faire clôture, faisant séparation de leurs maisons, cours et jardins, assis esdites villes et faubourgs, jusqu'à la hauteur de dix pieds du rez-de-chaussée, compris le chaperon.

Coutume de Paris, art. 209.

Hors lesdites villes et faubourgs, on ne peut contraindre voisin à faire mur de nouvel séparant les cours et jardins; *mais bien le peut-on contraindre à l'entretènement et réfection nécessaire desdits murs, si le voisin n'aime mieux quitter le droit de mur et la terre sur laquelle il est bâti.*

Ibid, *art.* 210.

Le nouveau code ne fait pas mention de cette distinction, qui est de police, pour la sûreté des maisons de Paris; mais il assure en général, aux propriétaires des héritages contigus, le droit de bornage, conséquence du principe que personne n'est tenu de demeurer en communauté malgré lui.

« Tout propriétaire peut obliger son

» voisin au ·bornage de leurs propriétés
» contiguës. *Le bornage se fait à frais*
» *communs.* » Code civil , art. 639.

« Tout propriétaire peut clore son héri-
» tage, sauf l'exception portée en l'art. 675. »
(En faveur du droit de passage d'une indis-
,pensable nécessité.)

Ibid, art. 640.

(7) Charges de la mitoyenneté, l'entretien
et reconstruction.

Il est loisible à un voisin contraindre ou
faire contraindre par justice son autre voisin , à faire refaire le mur et édifice commun pendant et corrompu entre lui et sondit
voisin , et d'en payer sa part, chacun selon
son héberge (l'étendue de son terrain), et
pour telle portion que lesdites parties ont
et peuvent avoir audit mur et édifice corrompu. *Ibid*, art. 205.

.... Celui qui veut faire bâtir nouvel
mur , ou refaire l'ancien corrompu, peut
faire appeler son voisin , pour contribuer
au bâtiment ou réfection dudit mur , ou
bien lui accorder lettres que ledit mur soit
tout sien. *Ibid*, art. 211.

Et néanmoins ès cas des deux précédens
articles , est ledit voisin reçu, quand bon

lui semble , à demander moitié du mur
bâti et fonds d'icelui , ou à rentrer en son
premier droit , en remboursant moitié dudit
mur et fonds d'icelui.

Cout. de Paris , art. 213.

N. B. Cette modification tend à la conservation des
propriétés ; car il est à présumer que la seule impos‑
sibilité de fournir la moitié de la reconstruction , ou
rétablissement du mur mitoyen , engage le voisin à
abandonner sa propriété.

« La réparation et la reconstruction du
» mur mitoyen sont à la charge de tous
» ceux qui y ont droit ; et proportionnel‑
» lement au droit de chacun. »

Code civil , art. 648.

« Cependant tout co - propriétaire d'un
» mur mitoyen peut se dispenser de con‑
» tribuer aux réparations et reconstructions,
» en abandonnant le droit de mitoyenneté ;
» *pourvu que le mur mitoyen ne soutienne*
» *pas un bâtiment qui lui appartient.* »

Code civil , art. 649.

Vuidanges et réfection des fossés mi‑
toyens.

Le semblable doit être gardé pour la ré‑
fection des anciens fossés communs et mi‑
toyens. *Cout. de Paris ,* art. 213.

II. 25

Les dispositions du nouveau code, relatives aux murs mitoyens, sont communes aux fossés. *Code civil, art. 645.*

Sur les preuves de non mitoyenneté des fossés, et la distance de la plantation des arbres, voyez ci-après, *Articles additionnels.*

(8) Obligations des maçons d'appeler le propriétaire voisin, avant de toucher au mur mitoyen.

Les maçons ne peuvent toucher ni faire toucher à un mur mitoyen, pour le démolir, percer et réédifier, sans y appeler les voisins qui y ont intérêt, par une simple signification seulement, et ce à peine de tous dépens, dommages, intérêts, et rétablissement dudit mur. *Cout. de Paris,* art. 203.

Voyez ci-dessus l'art 655 du nouveau code.

(9) Droit des propriétaires voisins pour l'exhaussement du mur mitoyen; à quelles conditions ?

Il est loisible à un voisin hausser, à ses dépens, le mur mitoyen d'entre lui et son voisin, si bon lui semble, sans le consentement de sondit voisin, *s'il n'y a titre au contraire, en payant les charges ;* pourvu

toutefois que le mur soit suffisant pour porter le rehaussement, *et s'il n'est suffisant,
faut que celui qui veut le rehausser le
fasse fortifier*, ET SE DOIT PRENDRE L'ÉPAIS-
SEUR DE SON CÔTÉ. *Cout. de Paris*, art. 195.

Il est loisible à un voisin se loger et édifier au mur commun et mitoyen d'entre lui
et sondit voisin, si haut que bon lui sem-
blera, en payant la moitié dudit mur mitoyen, *s'il n'y a titre au contraire.*

Ibid. art. 198.

Définition des charges.

*Les charges sont de payer et rembour-
ser, par celui qui se loge et héberge sur
et contre le mur mitoyen, de six toises
l'une, de ce qui sera bâti au-dessus de
dix pieds.* Ibid. art. 197.

N. B. Ces charges ont pour objet d'indemniser le
propriétaire voisin du dommage que peut lui causer
le surhaussement, même lorsque le mur est suffisant
pour le porter ; mais s'il n'est suffisant, celui qui veut
construire sur le mur mitoyen est obligé de le démolir et d'en construire un plus fort.

Si le mur est bon pour clôture et durée,
celui qui veut bâtir dessus, et démolir ledit
mur ancien, pour n'être suffisant pour porter son bâtiment, est tenu payer entièrement

les frais, *et en ce faisant ne paiera aucunes charges;* mais s'il s'aide du mur ancien, paiera les charges. *Cout. de Paris,* art. 196.

« Tout propriétaire peut faire exhausser
» le mur mitoyen; mais il doit payer seul
» la dépense de l'exhaussement, les répara-
» tions d'entretien, *au-dessus de la clô-*
» *ture commune,* et *en outre l'indemnité*
» *de la charge,* en raison de l'exhausse-
» ment suivant sa valeur. »

Code civil, art. 651.

« Si le mur mitoyen n'est pas en état de
» supporter l'exhaussement, celui qui veut
» l'exhausser doit le faire reconstruire en
» entier à ses frais, *et l'excédant d'épais-*
» *seur doit se prendre de son côté.* »

Ibid, art. 652.

« Le voisin qui n'a pas contribué à
» l'exhaussement peut en acquérir la mi-
» toyenneté, *en payant la moitié de la*
» *dépense qu'il a coûté,* et la valeur de
» la moitié du sol fourni pour l'excé-
» dant d'épaisseur, s'il y en a. »

Ibid, art. 653.

Voyez *ci-dessus,* n°. 4, *l'art.* 294 *de la coutume de Paris,* et 654 *du nouveau code.*

(10) Droit de percer et démolir, à deux

conditions ; 1°. dénonciation au voisin ; 2°. rétablissement incontinent.

Voyez l'art. 196 de la coutume de Paris, ci-dessus.

Il est loisible à un voisin, percer ou faire percer ou démolir le mur commun et mitoyen d'entre lui et son voisin, pour se loger et édifier, en rétablissant dûment à ses dépens, *s'il n'y a titre au contraire,* en le dénonçant toutefois au préalable à son voisin, et est tenu faire incontinent et sans discontinuation ledit rétablissement.

Ibid, art. 204.

(11) Droit de loger poutres, à la charge, 1°. de ne pas excéder la moitié du mur, 2°. de prendre les précautions nécessaires pour la solidité, 3°. de rétablir.

Il n'est aussi loisible à un voisin de mettre et faire mettre et asseoir les poutres de sa maison, dedans le mur mitoyen de lui et de son voisin, *sans faire mettre jambes, parpaignes, ou chaînes et corbeaux suffisans, de pierre de taille, pour porter les poutres, en rétablissant ledit mur ;* et toutefois, pour les murs des champs, suffit y mettre matière suffisante. *Ibid*, art. 207.

Aucun ne peut percer le mur mitoyen

d'entre lui et son voisin pour y mettre et loger les poutres de sa maison, que jusqu'à l'épaisseur de la moitié dudit mur et au point de milieu, en mettant et faisant mettre jambes, chaînes et corbeaux, comme dessus. *Ibid., art.* 208.

« Chacun peut contraindre son voisin,
» dans les villes et faubourgs, à contri-
» buer aux constructions et réparations de
» la clôture, faisant séparation de leur
» maisons, cours et jardins, assis èsdites
» villes et faubourgs.

» La hauteur de la clôture sera fixée sui-
» vant les réglemens ou les usages constans
» et reconnus; et à défaut d'usages et ré-
» glemens, tout mur de séparation entre
» voisins qui sera construit ou rétabli à l'a-
» venir, doit avoir au moins trente-deux
» décimètres (dix pieds) de hauteur, com-
» pris le chaperon, dans les villes de cin-
» quante mille âmes, et vingt-six déci-
» mètres (huit pieds) dans les autres. »

Code civil, art. 656.

(12) *En mur mitoyen, ne peut l'un des voisins, sans l'accord et consentement de l'autre, faire faire fenêtre ou trous*

*pour vues en quelque manière que ce
soit ,* A VERRE DORMANT *ne autrement.*

Cout. de Paris, art. 199.

« L'un des voisins ne peut, sans le con-
» sentement de l'autre, pratiquer dans le
» mur mitoyen aucune fenêtre ou ouver-
» ture, en quelque manière que ce soit,
» même *à verre dormant.*

Code civil, art. 668.

(13) Comment se toisent les enduits faits
à vieil mur ?

Les enduits, ou crépits de maçonnerie
faits à vieils murs, se toisent à raison de
six toises pour une toise de gros mur.

Cout. de Paris, art. 219.

N. B. Cet article ne se trouve pas dans le nouveau
code.

*Articles additionnels du nouveau code,
relatifs aux murs, fossés, haies mi-
toyennes , et à la plantation des arbres
près de l'héritage d'autrui.*

(14) *Quant aux maisons à plusieurs
étages appartenans à divers propriétaires,
ce qui arrive quelquefois par l'effet de
partage de successions , ou conventions*

particulières , formant exception au droit du propriétaire du sol ;

« Lorsque les différens étages d'une mai-
» son appartiennent à différens proprié-
» taires , *si les titres de propriété ne*
» *règlent pas le mode de réparations et*
» *constructions ,* elles doivent être faites
» ainsi qu'il suit :

« Les gros murs et le toit sont à la
» charge de tous les propriétaires, *à pro-*
» *portion de la valeur de l'étage qui lui*
» *appartient.*

» Le propriétaire de chaque étage fait le
» plancher sur lequel il marche.

» Le propriétaire du premier étage fait
» l'escalier qui y conduit ; le propriétaire
» du second fait , à partir du premier,
» l'escalier qui conduit chez lui; et ainsi de
» suite. » *Code civil ,* art. 657.

(15) *Continuation des servitudes.*

« Lorsqu'on reconstruit un mur mitoyen
» ou une maison , les servitudes actives et
» passives se continuent, à l'égard du nou-
» veau mur ou de la nouvelle maison,
» *sans toutefois qu'elles puissent être*
» *agravées , et pourvu que la recons-*

» *truction se fasse avant que la prescrip-*
» *tion soit acquise.* » Ibid. , art. 658.

(16) *Mitoyenneté des fossés ou haies.*

« Tous fossés entre deux héritages sont
» présumés mitoyens , *s'il n'y a titre ou*
» *marque contraire.* » Ibid , art. 659.

« Il y a marque de non mitoyenneté
» lorsque la levée ou le rejet de la terre
» se trouve d'un seul côté. » *Ibid.,* art. 660.

« Le fossé est censé appartenir *exclusi-*
» *vement ,* à celui du côté duquel le rejet
» se trouve. » *Ibid., art.* 561.

« Le fossé mitoyen doit être entretenu
» à frais communs. » *Ibid ,* art. 663.

« *Toute haie* qui sépare des héritages
» est réputée mitoyenne , *à moins qu'il*
» *n'y ait qu'un seul des héritages en état*
» *de clôture,* ou s'il n'y a titre ou possession
» suffisante au contraire. » *Ibid ,* art. 653.

(17) *Plantations d'arbres.*

« Il n'est permis de planter des arbres
» de haute tige qu'à la distance prescrite
» par les réglemens actuellement existans ,
» ou par les usages constans et reconnus ;
» et à défaut de réglemens et usages , qu'à

» la distance de deux mètres (six pieds et
» demi) de la ligne séparative des deux
» héritages pour les arbres de haute tige ;
» et à la distance d'un demi-mètre (un
» pied huit pouces) pour les autres arbres
» et haies vives. » *Ibid.*, art. 664.

« Le voisin peut exiger que les arbres et
» haies plantés à moindre distance soient
» arrachés.

» Celui sur la propriété duquel avancent
» des branches des arbres du voisin peut con-
» traindre celui-ci à couper ces branches.

» Si ce sont les racines qui avancent sur
» son héritage, il a le droit de les y couper
» lui-même. » *Ibid.*, art. 665.

« Les arbres qui se trouvent dans la
» haie mitoyenne sont mitoyens, comme la
» haie ; et chacun des propriétaires a droit
» de requérir qu'ils soient abattus. »

Ibid., art. 668.

(18) *Des vues droites et de côté.*

Le co-propriétaire d'un mur mitoyen ne
peut donner atteinte à la propriété de son
voisin, en perçant des vues sur lui, de quelque manière que ce soit.

Voyez l'art. 199 de la cout., et l'art. 668
du nouveau code rapprochés ci-dessus.

Distance des vues droites et de côté que
le propriétaire d'une maison peut avoir sur
l'héritage de son voisin.

Aucun ne peut faire vues droite sur son
voisin, ne sur place à lui appartenante, s'il
n'y a six pieds de distance entre ladite vue
et l'héritage du voisin, et ne peut avoir biez
de côté s'il n'y a deux pieds de distance.

Cout. de Paris, art. 202.

« On ne peut avoir de vues droites ou
» fenêtres d'aspect, ni balcons ou autres
» semblables saillies sur l'héritage *clos ou*
» *non clos* de son voisin, s'il n'y a dix-
» neuf décimètres (dix pieds) de distance
» entre le mur où on les pratique et lédit
» héritage. » *Code civil*, art. 671.

« On ne peut avoir des vues par côté,
» ou obliques sur le même héritage, s'il
» n'a six décimètres (deux pieds) de dis-
» tance. » *Ibid.*, art. 672.

« La distance dont il est parlé dans les
» deux articles précédens se compte depuis
» le parement extérieur du mur, où l'ou-
» verture se fait, et s'il y a balcons ou

» autres semblables saillies , depuis leur
» ligne extérieure jusqu'à la ligne de sé-
» paration des deux propriétés. »

Ibid., art. 673.

Quelle est , nous dira-t-on , l'autorité de
ces usages auxquels ces articles nous ren-
voient ? Serons-nous de nouveau repoussés
dans l'abîme de nos coutumes locales ? Non,
sans doute ; la loi est universelle, mais son
exécution dépend ici des circonstances locales qui varient suivant la nature du sol ,
le climat , le commerce des diverses parties
d'un vaste empire. Ici se trouve la pierre de
taille ; là les bâtimens sont en brique ; les
précautions à prendre sont différentes ; en
tel lieu le sol est plus mobile ; là il est plus
compacte ; cette circonstance peut exiger
des règles particulières pour la solidité des
murs et la distance des plantations , etc.
« Les principes généraux déduits de la
» seule équité, indiquent suffisamment que
» le droit de tout propriétaire cesse, là où
» commenceroit le préjudice de son voisin ;
» mais la conciliation des usages (locaux)
» a été jugée impossible. » *Discours du
conseiller d'état* Berlier.

N. B. Le droit d'ouvrir des vues sur son voisin, à une moindre distance que celle fixée pur la coutume, est une servitude.

Ces servitudes sont du nombre de celles qu'on nomme apparentes; c'est pourquoi le vendeur n'est pas tenu de les garantir lorsqu'elles n'ont pas été spécialement déclarées dans le contrat de vente de l'héritage qui y est sujet; car l'acquéreur n'est pas censé les avoir ignorées.

Exception des jours qu'on tire de l'héritage du voisin, sans vue sur lui.

Toutefois si aucun a mur à lui seul appartenant, joignant sans moyen à l'héritage d'autrui, il peut en icelui mur avoir fenêtres, lumières ou vues, *aux us et coutumes de Paris, c'est à savoir de neuf pieds de haut, au-dessus du rez-de-chaussée en terre, quant au premier étage, et quant aux autres étages, de sept pieds au-dessus du rez-de-chaussée, le tout à fer maillé et verre dormant.*

Coutume de Paris, art. 200.

Fer maillé est treillis dont les trous ne peuvent être que de quatre pouces en tous sens, et *verre dormant* est verre attaché, scellé en plâtre, qu'on ne peut ouvrir.

Ibid, art. 201.

« Le propriétaire d'un mur *non mi-*

» *toyen*, joignant immédiatement l'héritage
» d'autrui, peut pratiquer dans ce mur des
» jours ou fenêtres *à fer maillé et verre*
» *dormant.*

» Ces fenêtres doivent être garnies d'un
» treillis de fer dont les mailles auront un
» décimètre (environ trois pouces huit
» lignes) d'ouverture au plus, et d'un
» châssis de verre dormant. »

Code civil, art. 669.

« Ces fenêtres ou jours ne peuvent être
» établis qu'à vingt-quatre décimètres (huit
» pieds) au-dessus du plancher du sol de
» la chambre qu'on veut éclairer, si c'est
» au rez-de-chaussée, et à dix-neuf déci-
» mètres (six pieds) au-dessus du plancher
» pour les étages supérieurs. »

Ibid., art. 670.

(19) *Des fosses et privés.*

Obligation de tous propriétaires, d'avoir
latrines en leurs maisons.

Tous propriétaires des maisons en la ville
et faubourgs de Paris sont tenus avoir latrines et privés suffisans en leurs maisons.

Cout. de Paris, art. 193.

(20) A quelles distances les cloaques et latrines doivent être des murs voisins ?

Nul ne peut faire fosses à eaux ou cloaques s'il n'y a six pieds de distance, en tous sens, des murs appartenans aux voisins ou mitoyens. *Cout. de Paris*, art. 217.

Le semblable doit être gardé pour la réfection et l'entretènement des anciens fosséscommuns et mitoyens. *Ibid.*, art. 213.

(21) Vuidanges des fosses hors de la ville.

Nul ne peut mettre vuidanges de fosses et privés dans la ville. *Ibid.*, art. 218.

N. B. Telles sont les précautions prises par la coutume, pour la salubrité de l'air de la capitale. Les effets pernicieux de cet air méphitique, qui s'exhale des excrémens des corps humains, des haleines même des animaux, et surtout des hommes, sont connus, et l'on souffre que le cours d'air d'une ville immense soit intercepté par les maisons élevées sur quatre ponts! et l'on souffre qu'une multitude de cadavres soient cachés sous le pavé de nos temples, que des cimetières soient placés dans la ville; et l'on n'avoit pris, jusqu'ici, aucune mesure pour arrêter les effets funestes d'un air pestilentiel, en déplaçant l'un de ces cimetières, construit dans le treizième siècle, sur un espace vide, voisin de la capitale; mais devenu, par l'agrandissement prodigieux de la ville , le centre de l'un des quartiers les plus peuplés et les plus resserrés, le dépôt commun de cinquante-trois paroisses ; tant est grande la difficulté de déraciner les abus dont une longue habitude cache les dangers ! Rendons hommage à la sagesse des magistrats, qui ont enfin employé leur autorité pour la conservation de leurs concitoyens.

J'écrivois ces choses en 1782, et déjà une partie de mes vœux étoit accomplie, quand les tourbillons de toutes les passions humaines, plus terribles que les vents et les tempêtes, replongèrent ma patrie dans le chaos.

> . . . . . . *Si forte virum quem*
> *Conspexere, silent.* . . . . .

« Un grand homme paroît, ils se taisent. »

En moins de quatre années , la France renaît de ses cendres ; telle , après les fureurs de la ligue , elle se releva sous le règne du grand Henri et de son ministre Sully.

A peine la paix est-telle conclue avec l'Espagne, que son ambition avoit alors égarée, que nos places fortes sont réparées , les arsenaux remplis , la marine française relevée, les grandes routes rétablies et entretenues , le commerce , les arts , l'industrie ranimée, un canal creusé par d'immenses travaux, pour faciliter la communication des deux fleuves, dont les ondes bienfaisantes affluent dans les provinces voisines; cette bibliothèque, que fonda le père des lettres, François Ier., rivalisant avec celle du Vatican; un vaste faubourg où l'on ne rencontroit que des masures éparses en débris, et des marais, n'ayant d'autre communication que des rues fangeuses, joint à la ville, par un pont, centre des îles autour desquelles le fleuve qui l'abreuve se plaît à serpenter; (doublez, quadruplez ces merveilles, étendez – les à tout un vaste empire, joignez – y nos autels relevés, sans secousses dangereuses, l'athéisme qu'ils avoient proclamé, réduit comme la discorde, sous le règne d'Auguste, à rugir vainement contre ses chaînes; notre législation simplifiée, la bigarrure de nos lois effacée, et vous aurez une idée de notre régénération, après la réunion de tous les crimes.) « C'est, disoit le grand Henri à l'ambassadeur de Philippe III, qui s'étonnoit de progrès si rapides « qu'alors le père » de famille n'y étoit pas : aujourd'hui il » prend soin de ses enfans. »

II. 26

(22) *Cas dans lequel on est tenu de faire contre-mur.*

Construction d'étables.

Qui fait étable contre un mur mitoyen, il doit faire contre - mur de huit pouces d'épaisseur, de hauteur jusqu'au rez-de-chaussée de la mangeoire. *Cout. de Paris, art.* 188.

(23) Cheminées et âtres.

Qui veut faire *cheminées et âtres contre un mur mitoyen,* doit faire contre-mur de tuilots ou autres choses suffisantes, de deux pieds et demi d'épaisseur. *Ibid,* art. 189.

(24) Forges, fours et fourneaux.

Qui veut faire *forge, four et fourneau contre le mur mitoyen,* doit laisser demi-pied de vide et intervalle entre deux du mur ou forge, et doit être ledit mur d'un pied d'épaisseur. *Ibid,* art. 190.

(25) Aisance de privés ou puits.

Qui veut faire aisance de privés ou puits contre un mur mitoyen, il doit faire contre-mur d'un pied d'épaisseur, et, où il y a de chacun côté puits, d'un côté, et aisance de l'autre, suffit qu'il y ait quatre pieds de maçonnerie d'épaisseur entre deux, comprenant les épaisseurs des murs, d'une part et d'autre; mais entre deux puits suffisent trois pieds, pour le moins. *Ibid*, art. 191.

N. B. Ces articles ne parlent que du mur mitoyen contre lequel on veut adosser étables, forges, fourneaux, etc.; ces obligations ont lieu, à plus forte raison, lorsque le mur appartient à autrui. Lors même que le mur appartient au constructeur, les maçons ne peuvent se dispenser de suivre les règles prescrites par ces articles, pour les objets qui intéressent la sûreté publique, tels que le danger des incendies. Ils seroient amendables et responsables des dommages-intérêts, s'ils contrevenoient, par l'ordre du propriétaire, aux règles de leur art, qu'ils ne doivent pas ignorer.

(26) Pour labourer et fumer contre le mur d'autrui.

Celui qui a place, jardin ou autre lieu vide, qui joint immédiatement au mur d'autrui, ou mitoyen, et il veut faire labourer et fumer, il est tenu faire contre-mur de demi-pied d'épaisseur; et, s'il y a terres jectices, il est tenu faire contre-mur d'un pied d'épaisseur. *Ibid*, art. 192.

Le nouveau code ne renferme que deux articles sur tous ces objets; dans le premier il se réfère aux réglemens de police ou aux usages des lieux; dans le deuxième il établit une règle générale pour l'écoulement des eaux pluviales :

« Celui qui fait creuser un puits ou une » fosse d'aisances près d'un mur *mitoyen* » *ou non*,

» Celui qui veut y construire cheminée » ou âtre, forge, four ou fourneau,

» Y adosser une étable,

» Ou établir contre ce mur un magasin » de sel ou amas de matières corrosives, » *est obligé de laisser la distance pres-* » *crite par les réglemens et usages par-* » *ticuliers sur ces objets*, ou à faire les » ouvrages prescrits par les mêmes régle- » mens et usages, pour éviter de nuire au » voisin. » *Code civil, art.* 667.

« Tout propriétaire doit établir des toits, » de manière que les eaux pluviales s'écou- » lent sur son terrain, ou sur la voie pu- » blique ; il ne peut les faire verser sur le » fonds de son voisin. » *Ibid,* art. 674.

(27) *Des servitudes rurales établies par la loi.*

Nous avons cité au n°. 11 le seul exemple qu'on trouve dans les lois romaines de ces servitudes, qui n'est pas applicable à nos usages ; ces exemples sont plus multipliés parmi nous.

Tels étoient , dans notre ancien droit, les droits d'usage dans les bois en défense , c'est-à-dire , parvenus à trois , quatre ou cinq ans , suivant la coutume des lieux ; les droits de parcours , passages , pacages , appartenans aux communes , les unes sur les autres , soit par titre , soit par possession , fondée sur cette maxime du droit naturel , « que ce » qui n'est à personne appartient à tous. » *Quod nullius est, id naturali ratione occupanti conceditur.* Inst. *de rerum, div.* § 12. De quel droit celui qui ne clôt pas son héritage , envieroit-il à ses concitoyens les avantages qu'il peut retirer du terrain qu'il a dépouillé , s'il conserve le même droit sur la propriété de ses voisins ? Tel , dans nos livres saints , le compatissant Booz ne se contente pas de permettre à l'infortunée Ruth de rassembler les gerbes échappées à

II. 27

la faux de ses moissonneurs, il ordonne à ceux-ci de répandre, comme par mégarde, une partie de celles qu'ils ont cueillies, pour lui épargner la honte d'une recherche trop vigilante.

Et toutefois un tel droit avoit besoin d'être réglé par une police sévère pour en prévenir les abus.

Ce fut l'objet, dans l'ancien régime, de plusieurs des dispositions de nos coutumes, de celle de Nivernois en particulier, qui s'est plus étendue sur cette matière que les autres, et surtout de l'ordonnance des eaux et forêts, de 1669, titre *des droits de pâturage, pacage, passage*, etc. Ces précautions n'échapperont pas, sans doute, à la vigilance de nos législateurs.

En attendant, ils en posent, dans le nouveau code, le principe fondamental.

Comme le droit de chasse, les droits de parcours, de pacage, de passage, etc., tirent leur source de la liberté que le propriétaire qui ne se clôt pas, est présumé donner à tous le droit de passer sur son champ; il tire sa justice de la réciprocité; mais il ne donne pas atteinte au droit de tout propriétaire de se former une clôture, à condition de perdre de la pâture commune, proportionnellement au terrain qu'il y soustrait.

« Le propriétaire qui veut se clore perd
» son droit au pâturage et vaine pâture, à
» proportion du terrain qu'il y soustrait. »

Code civil, art. 641.

III.

Des servitudes établies par le fait de l'homme, soit convention, disposition ou possession; des droits et obligations respectives du propriétaire grevé, et de celui au profit de qui la servitude est établie, et de l'extinction des servitudes.

(1). Les servitudes ou services fonciers établis par le fait de l'homme, c'est-à-dire par la destination du père de famille, par les conventions, les dispositions entre-vifs ou testamentaires, dont l'interprétation est l'objet de presque toutes les lois romaines sur cette matière, sont aussi multipliées que la position des héritages qui y donnent lieu, que les circonstances et leurs besoins respectifs.

« Il est permis aux propriétaires d'établir
» sur leurs propriétés, ou en faveur de leurs
» propriétés, telles servitudes que bon leur
» semble, *pourvu néanmoins que les ser-*
» *vices établis ne soient imposés ni à la*
» *personne, ni en faveur de la personne;*
» *mais seulement à un fonds et pour un*
» *fonds*, et pourvu que ces services n'aient
» d'ailleurs rien de contraire à l'ordre pu-
» blic.....»

Code civil, art. 679.

Les articles suivans renferment les distinctions des diverses sortes de servitudes.
Nous avons parlé de la division générale
des servitudes en *urbaines* et *rurales*.

Les unes et les autres sont ou *continues....*
« dont l'usage *est* ou peut être continuel,
» sans avoir besoin du fait actuel de l'hom-
» me, telles que sont *les conduits d'eau,*
» *les égoûts, les vues*, et autres de cette
» espèce; ou *discontinues....* qui ont besoin
» du fait de l'homme pour être exercées;
» tels sont les droits de *passage, puisage,*
» *pacage et autres semblables.* »

Ibid, *art.*681.

« Ou *apparentes*, qui s'annoncent par
» des ouvrages extérieurs, tels qu'une porte,

» une fenêtre, un aqueduc ; ou *non appa-*
» *rentes,* qui n'ont pas de signe extérieur ;
» comme la prohibition de bâtir sur un
» fonds, ou de ne bâtir qu'à une certaine
» hauteur. » *Ibid,* art. 682.

(2) Quant aux titres qui sont nécessaires
pour l'établissement des servitudes, le premier, qui renferme tous les autres, est la
destination du père de famille.

« La destination du père de famille vaut
» titre, *quand elle est ou a été par écrit,*
» *et non autrement.* »

Coutume de Paris, art. 216.

Ces derniers mots, qui se réfèrent à l'article 186,

« Droit de servitude ne s'acquiert par
» longue jouissance, quelle qu'elle soit,
» sans titre, *encore que l'on eût joui pen-*
» *dant cent ans et plus,* »

indiquent la ligne de séparation du droit romain et de notre droit coutumier, en cette
matière.

Si diuturno usu, et longâ quasi-pos-
sessione jus aquæ ducendæ, nactus sis ;
non est necesse docere de jure quo aqua
constituta est, veluti ex legato aut aliâ

modo : sed utilem habes actionem , per annos tot usum ; non vi , non clam ; non præcario. L. 10. Dig. *de serv. vend.*

« Si tu as usé journellement, et acquis la
» *quasi-possession* du droit de prise d'eau,
» tu n'es pas obligé de faire connoître le
» titre qui t'a acquis ce droit, soit un legs,
» ou tout autre ; mais tu as une action utile,
» résultante de ta possession, pendant tant
» d'années, *sans violence, ni secrètement,*
» *niprécairement.* »

Trois caractères de la possession nécessaires pour prescrire.

La loi romaine ne détermine pas le nombre des années ; la jurisprudence l'avoit fixé à trente ans, durée nécessaire pour l'accomplissement de la prescription des actions personnelles.

La loi romaine nomme cette jouissance une *quasi-possession,* parce qu'elle a pour objet un droit incorporel ; la véritable possession est celle des choses corporelles.

La loi citée choisit l'espèce la plus favorable, le droit de prise d'eau, servitude continue par nécessité, presque toujours prouvée par des ouvrages extérieurs. On peut prétendre alors qu'il n'est pas vraisemblable que le propriétaire grevé vous eût laissé jouir, pendant tant d'années, d'un droit onéreux pour lui, si vous n'eussiez eu un titre, égaré sans doute.

En sera-t-il de même, si vous changez l'espèce, que vous appliquiez la disposition de la loi à un passage par le domaine d'autrui, et autres facilités momentanées que la tolérance du propriétaire a pu vous accorder, sans croire s'imposer à lui-même l'obligation d'avoir à perpétuité cette même tolérance?

Indépendamment de l'incertitude de la preuve testimoniale nécessaire dans ce cas pour constater le fait, à quelle foule de procès ne donnera pas lieu l'interprétation de la volonté du père de famille?

Pour éviter ces difficultés, la coutume rédigée en 1510 établit qu'aucune servitude ne pourroit avoir lieu sans titre, d'abord sur les maisons situées *en la ville et faubourgs de Paris.*

Ancienne coutume, art. 80; ensuite plus généralement, pour tout service foncier, quel qu'il fût, art. 83.

RATIO EST, dit Dumoulin sur cet article, *pour obvier aux grandes entreprises qui se faisoient,* IN ÆDIES, *sous couleur de souf-*

france et tolérance , pour cause d'amitié et familiarité, dont on abusoit. Et cependant ce même jurisconsulte, sur l'article 80, a peine à se déterminer à rejeter une si longue possession.

Il distingue, « s'il s'agit d'une aire d'un ter-
» rain non bâti, alors la prescription cen-
» tenaire a lieu , dit - il, parce qu'elle fait
» présumer que les formalités nécessaires
» pour l'établissement de la servitude ont
» été remplies ; excepté si le propriétaire
» grevé a fait un acte de contradiction au-
» thentique dont il n'ait pas suivi l'effet ; car
» alors le propriétaire de l'héritage qui pré-
» tend la servitude , n'a pu ignorer son dé-
» faut de droit. S'il s'agit d'une aire bâtie ,
» alors ou la servitude est apparente , et cent
» ans suffisent pour opérer la prescription ;
» ou elle est occulte , et cent ans ne suffisent
» pas , si l'on ne justifie d'un titre , ou acte
» équipolent. »

Sed an centum anni ?.... Solve aut est area et non inœdificata et tunc etiam centum annis venit , quia semper presumentur formalitates. Fallit si sit actus positivus, si fuit contradictio et obedientia de quâ constet, cum continuatione centum anno-

rum ; quia tunc est sciens , etiam in defectu juris. Aut est inœdificata ; tunc aut patens ; et sufficerent centum anni ; aut occulta et tunc non sufficerent , nisi de titulo vel equipollente doceatur.

Dumoulin , sur l'ancienne coutume de Paris, §. LXXX.

La coutume réformée en 1580 avoit tranché toutes ces distinctions par ces mots de l'article 186 , « encore qu'il en eût joui *par* » *cent ans et plus.* »

Le nouveau code met fin à ces subtilités d'une manière plus équitable.

Il écarte d'abord la faveur de la prescription centenaire ; car , dit l'orateur du gouvernement , « qu'est-ce qu'une *possession* » *immémoriale* pouvoit ajouter ici , et » quelle confiance pouvoient mériter, au » delà de trente ans, les mêmes faits , les » mêmes actes que l'on avouoit être équi- » voques et non concluans , pendant cette » première et longue série d'années.... »

Discours du conseiller d'état Berlier.

Il distingue ensuite les *servitudes continues et apparentes* de celles qui ne le sont pas ; « car , dit le même orateur , des actes

» journaliers et patens, pendant un si long
» temps, (trente années) sans aucune récla-
» mation, ont un caractère propre à faire
» présumer le consentement du propriétaire
» voisin; le titre même a pu se perdre, mais
» la possession reste, et ses effets ne sau-
» roient être écartés sans injustice. »

Ibid.

« Les servitudes continues et apparentes
» s'acquièrent par un titre ou par la posses-
» session de trente ans. »

Code civil, art. 683.

« Les servitudes *continues et non appa-*
» *rentes*, et les servitudes discontinues,
» *apparentes ou non apparentes*, ne peu-
» vent s'établir que par titres. »

Ibid, art. 684.

« La possession, *même immémoriale*,
» ne suffit pas pour les établir; *sans cepen-*
» *dant qu'on puisse attaquer aujourd'hui*
» *les servitudes de cette nature, déjà ac-*
» *quises par la possession*, dans les pays
» où elles pouvoient s'acquérir de cette ma-
» nière. » *Ibid.*

(Car les lois nouvelles n'ont pas d'effet
rétroactif.)

« La destination du père de famille vaut

» titre, *à l'égard des servitudes continues*
» *et apparentes.* » *Ibid*, art. 685.

« Il n'y a destination du père de famille *que*
» *lorsqu'il est prouvé que les deux fonds*
» *actuellement divisés ont appartenu au*
» *même propriétaire*, et que c'est par lui
» que les choses ont été mises en l'état du-
» quel résulte la servitude. »

Ibid, art. 686.

« Si le propriétaire de deux héritages,
» *entre lesquels il y a signe apparent de*
» *servitude*, dispose de l'un des héritages,
» sans que le contrat contienne aucune con-
» vention relative à la servitude ; elle con-
» tinue d'exister activement et passivement
» en faveur du fonds aliéné, ou sur le fonds
» aliéné. » *Ibid*, art. 687.

N. B. Ceci est la conséquence de la distinction
des servitudes apparentes et non apparentes ; celles-
là continuent par la seule possession trentenaire ;
celles-ci, si elles sont fondées en titre ; le vendeur
qui n'a pas déclaré les premières, n'est exposé à
aucune garantie de la part de l'acquéreur ; car il
a dû les connoître ; il est tenu de garantir les
deuxièmes, s'il ne les a pas déclarées. *Voyez* au
titre du *Contrat de vente.*

« Le titre constitutif de la servitude, *à*

» *l'égard de celles qui ne peuvent s'ac-*
» *quérir par la prescription*, ne peut être
» remplacé que *par un titre recognitif de*
» *la servitude*, émané du propriétaire du
» fonds asservi. » *Ibid*, art. 688.

N. B. Cette règle ne reçoit-elle aucune exception
à l'égard des titres énonciatifs anciens ; suivant le
principe : *in antiquis enuntiativa probant*, « relati-
» vement aux faits anciens, les simples énoncia-
» tions, en des titres authentiques et non suspects,
» font preuve ? » *Dumoulin, sur le parag. VIII de*
l'ancienne coutume de Paris.

Dans quel cas cette exception à la règle
générale doit-elle être plus favorablement
accueillie ?

Autres règles générales.

(1) Si le titre ou la possession renferment
quelqu'obscurité, la balance de la justice
« doit incliner en faveur de la liberté. » *Pro*
libertate respondendum, disent les jurisconsultes ; les lois 21 et 26, *dig. de serv.*
præd. rust, et 9 *de serv.*, en renferment de
nombreux exemples.

(2) « Quand on établit une servitude,
» on est censé accorder tout ce qui est néces-
» saire pour en user.

» Ainsi, la servitude de puiser de l'eau à
» la fontaine, emporte nécessairement le
» droit de passage. »

Code civil, art. 689.

(3) La servitude est un droit incorporel
de l'héritage dominant sur l'héritage asservi,
qui affecte indivisément toutes les parties de
l'un et l'autre ; d'où il résulte que les partages ne peuvent rien déranger de l'ordre établi par le titre ou par la possession. Si l'un
des co-propriétaires de l'héritage dominant,
quelque modique que soit sa portion, a usé
de son droit ; si c'étoit un pupille contre
lequel la prescription ne pût avoir lieu ;
il a empêché la prescription (dont nous
parlerons dans un moment) en faveur de
tous ses co-propriétaires. *Si communem
fundum ego et pupillus haberemus, licet
uterque non uteretur, tamen propter pu-
pillum et ego viam retinebo.* L. 10. dig.
quem admodum serv. amittatur.

« Si nous possédons un même fonds, quoi-
» que ni l'un ni l'autre n'ayons fait usage de
» notre droit de chemin sur l'héritage d'au-
» trui ; cependant, à cause du pupille, on
» ne pourra m'opposer la prescription. »

Il en sera de même dans le cas de partage

du domaine asservi ; chaque portion est débitrice de la servitude, et la conservation du droit sur cette portion le maintient sur le tout.

« Si l'héritage pour lequel la servitude a
» été établie, vient à être divisé, la servi-
» tude reste sur chaque portion, *sans*
» *néanmoins que la condition du fonds*
» *assujéti soit aggravée.* Ainsi.... s'il s'agit
» d'un passage, tous les co - proriétaires
» seront obligés de l'exercer par le même
» endroit. » *Code civil, art.* 693.

« Si l'héritage en faveur duquel la servi-
» tude est établie, appartient à plusieurs ,
» par indivis, la jouissance de l'un empêche
» la prescription à l'égard de tous. »

Code civil, art. 702.

« Si, parmi les co-propriétaires, il s'en
» trouve un contre lequel la prescription
» n'ait pu courir, comme un mineur, il aura
» conservé le droit de tous les autres. »

Ibid, art. 703.

Au surplus toutes les dispositions des lois romaines sur cette matière se réduisent à ce petit nombre de principes :

Que le propriétaire de l'héritage à qui

le droit de servitude appartient doit faire,
à ses frais, toutes les constructions et réparations nécessaires à l'exercice de son droit.

Que le propriétaire de l'héritage asservi
ne peut rien faire qui mette obstacle à l'exercice du droit du possesseur de la servitude.

Que les dégradations et dommages résul-
tants de l'exercice de la servitude, sans le
fait du propriétaire de l'héritage dominant,
doivent être supportés par l'héritage asservi,
comme la conséquence de la charge qui lui
a été imposée.

« Que le propriétaire de l'héritage à qui
» la servitude est due peut rendre la con-
» dition de son voisin meilleure, en allé-
» geant la charge qui lui a été imposée ;
» qu'il ne peut la rendre pire, en aggravant
» la servitude, s'il n'en a reçu expressé-
» ment le droit par le titre constructif de la
» servitude. »

*Omnino sciendum est meliorem vicini
conditionem fieri posse, deteriorem non
posse ; nisi quid nominatum in servitute
imponendá immutatum fuerit.* L. 10, § 5,
dig. *de serv. pred. urban.*

« Celui à qui est due une servitude a

» droit de faire tous les ouvrages néces-
» saires pour en user et la conserver. »

Code civil, art. 690.

« Ces ouvrages doivent être faits à ses
» frais, et non à ceux du propriétaire du
» fond assujéti, *à moins que le titre d'é-*
» *tablissement de la servitude ne dît le*
» *contraire.* » Ibid., art. 691.

« Dans le cas même où le propriétaire du
» fond assujéti est chargé, par le titre, de
» faire, à ses frais, les ouvrages nécessaires
» à l'usage ou la conservation de la servi-
» tude; il peut toujours s'affranchir de la
» charge, en abandonnant le fonds assujéti
» au propriétaire du fonds auquel la servi-
» tude est due. » *Ibid.*, art. 692.

« Le propriétaire du fonds débiteur de
» la servitude ne peut rien faire qui tende
» à en diminuer l'usage, ou à le rendre
» plus incommode.

« Ainsi il ne peut changer l'état des lieux
» ni transporter l'exercice de la servitude
» dans un endroit différent de celui où
» elle a été premièrement assignée.

» Mais si cette assignation primitive étoit
» devenue trop onéreuse, ou si elle l'em-

» pêchoit de faire des réparations avanta-
» geuses, il pourroit offrir au propriétaire
» de l'autre fonds un endroit aussi com-
» mode pour l'exercice de ses droits, *et*
» *celui-ci ne pourroit* s'y refuser ; » (car
il n'est permis à personne de nuire à autrui,
sans profit pour lui-même.

Ibid. , art. 694.

« De son côté, celui qui a un droit de
» servitude ne peut en user que *suivant*
» *son titre*, sans rien innover ni dans le
» fonds qui doit la servitude, ni dans le
» fonds à qui elle est due, qui puisse agraver
» la condition du premier. » *Ibid.*, art. 695.

Ajoutez que la servitude est un droit
réel et personnel ; réel en ce qu'il tient au
fonds et le suit en quelques mains qu'il
passe ; personnel en ce qu'il n'appartient
qu'au propriétaire du fonds du créancier
de la servitude, qui ne peut pas céder son
droit à un tiers. *L.* 24, *Dig. de serv. præd.*
rust.

Les servitudes s'éteignent de trois manières.

1°. Par la *confusion*, quand le propriétaire de l'héritage asservi devient proprié-

II. 28

taire de l'héritage à qui la servitude est due, par l'effet du concours des deux qualités de créancier et de débiteur ; car, disent les lois romaines, « nul ne peut être esclave de sa » propre propriété. » *Nulli res sua servit.* L. 26, *de serv. præd. rust.*

Si les deux propriétés se trouvent séparées par la suite, la servitude ne revit pas sans une stipulation expresse.... *Si rursus vendere vult, nominatim imponenda servitus est ; alioquin liberæ veneunt.* L. 30. Dig. *de serv. præd. urb.* « Si le propriétaire » des deux maisons veut vendre l'une, il » doit imposer de nouveau la servitude, » par une stipulation expresse ; autrement » elles sont vendues libres.

» Toute servitude est éteinte, lorsque le » fonds à qui elle est due, et celui qui la » doit, sont réunis dans la même main. »
Code civil, art. 696.

2°. « Les servitudes cessent, lorsque les » choses se trouvent en tel état qu'on ne » peut plus en user. » *Ibid.*

La loi 35, *dig. de serv. præd. rust.* en pose l'exemple dans le desséchement d'une fontaine à laquelle le propriétaire de la servitude avoit le droit de puiser.

Mais elle revit lorsque la fontaine recommence à couler.

C'est ce que décide la même loi ; et elle en donne la raison, que « dans le temps du » desséchement le propriétaire de la servi- » tude n'avoit perdu son droit ni par sa né- » gligence, ni par sa faute.

» Elles revivent, si les choses sont réta- » blies de manière qu'on puisse en user ; *à* » *moins qu'il ne se soit écoulé un espace* » *de temps suffisant pour faire présumer* » *l'extinction de la servitude*, (par la pres- » cription.) » *Code civil*, art. 697.

3°. Par la prescription de la liberté.

..... La liberté peut se réacquérir contre le titre des servitudes, par trente ans, entre âgés et non privilégiés.

Coutume de Paris, art. 186.

Distinguez toutefois les diverses espèces de servitudes. Il en est dans lesquelles la seule tolérance du propriétaire, pendant le temps nécessaire pour prescrire, suffit pour opérer la prescription ; il en est, dans les- quelles la plus longue tolérance ne suffit pas pour libérer de la servitude, sans une contradiction expresse ; prenons quelques exemples.

J'avois droit d'empêcher mon voisin d'é-
lever son mur, il l'a élevé; j'ai souffert que
ce mur subsistât pendant trente ans; je
suis censé, par cette tolérance, avoir con-
senti que mon voisin rentrât dans les droits
attachés à sa propriété; car le seul fait
de l'élévation de ce mur étoit une contradiction que je ne peux être censé avoir
ignorée.

J'avois droit de passer dans le champ de
mon voisin, de prendre de l'eau dans sa
fontaine; il a fermé cette fontaine, il a
placé une barrière pour s'opposer à mon
passage; j'ai négligé, pendant trente ans,
d'intenter l'action que mon titre me donnoit pour faire cesser ces obstacles, la
prescription est acquise contre moi.

Mais le champ de mon voisin est resté
ouvert, la fontaine n'a jamais été fermée,
et cependant je n'ai pas fait usage de mon
droit pendant trente ans; on seroit mal
fondé à m'opposer la prescription, si le
besoin que j'ai de ce passage ou de cette
eau n'est pas continuel. Il étoit nécessaire,
pour la faire courir, que mon voisin se
mît, par une contradiction formelle, en

possession de sa liberté, et que je le souffrisse pendant trente ans.

Ici le nouveau code est parfaitement d'accord avec notre coutume.

« La servitude est éteinte par le non
» usage pendant trente ans. »

Code civil, art. 699.

« Les trente ans commencent à courir,
» *selon les diverses espèces de servi-*
» *tudes,* ou du jour où l'on a cessé d'en
» jouir, lorsqu'il s'agit de servitudes *dis-*
» *continues, ou du jour où il a été fait*
» *un acte contraire à la servitude,* lors-
» qu'il s'agit de servitudes continues. »

Ibid, art. 700.

« Le mode de la servitude se peut pres-
» crire, comme la servitude même; et de
» de la même manière. »

Ibid, art. 701.

Le droit romain limitoit la prescription à dix années; mais il doubloit, triploit le temps pour les servitudes discontinues, ne comptant, pour une année, que l'époque à laquelle le propriétaire de la servitude avoit eu le droit d'en jouir et ne l'avoit pas fait. *Voyez la loi* 7, *dig. quemadmodum serv. amittantur.*

RÉSUMÉ

Des deux titres de l'usufruit, et des servitudes ou services fonciers.

Nous avons remonté, dans le premier titre de cette deuxième partie, à l'origine des propriétés; nous en avons parcouru les diverses espèces, toutes émanées de cette loi du Créateur : « Tu mangeras ton pain à la » sueur de ton front, jusqu'à ce que tu re- » tournes dans le sein de la terre dont tu es » sorti. »

Le même intérêt public, qui exige que la loi civile encourage les utiles travaux du cultivateur, du pasteur; (car ce furent les premiers arts qui donnèrent naissance à tous les autres,) en l'autorisant à disposer libre-ment de ce qu'il a acquis, à transmettre la propriété, soit en exécution de la volonté de l'homme ou de celle de la loi, de la géné-ration présente à la génération future, exige que la jouissance soit séparée de la propriété nue, quand ainsi l'a ordonné, soit la loi, soit la volonté du propriétaire. Tel est l'usufruit, soit à temps, soit à vie de l'usufruitier. Les mêmes autorités soumettent les héritages à des charges réelles les uns envers les autres ; modifications de la pleine propriété , qui diffèrent entr'elles comme les objets auxquels elles s'appliquent.

Ainsi les Romains distinguoient l'usufruit des immeubles et des meubles susceptibles de s'attériorer sans être anéantis par l'usage , du quasi-usufruit de l'argent monnoyé et autres choses qui ne seroient d'aucune utilité au possesseur , s'il n'avoit le droit de les aliéner ou les consumer ; distinction qui donna lieu pendant long-temps , parmi nous , à des subtilités repoussées par la considération que le délai accordé au débiteur usufruitier , pour restituer les valeurs qu'il a reçues , est représentatif des fruits de l'immeuble à l'acquisition duquel elles eussent pu être employées ; il constitue donc une véritable jouissance.

Dans notre ancien droit coutumier, la garde noble et bourgeoise , la saisie féodale , qui donnoit le droit au seigneur féodal qui avoit mis en sa main le fief mouvant de lui, de faire les fruits siens , jusqu'à ce que son vassal lui eût prêté foi et hommage ; le relief , qui consistoit dans la jouissance d'une année accordée au seigneur en cas de mutation en collatérale de la propriété du fief mouvant de lui ; le douaire coutumier, qui donnoit à la femme la jouissance, pendant sa vie, de la portion des biens de son époux, que la loi lui avoit assignée, étoient autant d'usufruits légaux d'une inégale durée. Le nouveau code, conforme à la loi romaine, ne reconnoît d'autre usufruit légal que ceux établis par le titre des *Successions légitimes*.

L'usufruit conventionnel, dépendant de la volonté de l'homme, est susceptible de toutes les modifications que lui imposent les intérêts privés dont il tire son origine ; mais les droits et les obligations de l'usufruitier et du propriétaire sont les mêmes ; constater, par un inventaire et des procès-verbaux réguliers, l'espèce, le nombre, la valeur des meubles sujets à l'usufruit ; de la part du propriétaire, ne rien faire qui puisse troubler ou entraver la jouissance de l'usufruitier ; de la part de l'usufruitier, *jouir en bon père de famille*, sans altérer la substance de la chose soumise à son usufruit ; expression qui renferme tous les objets développés dans cette section ; donner caution ; ce que le nouveau code exige plus

impérieusement que ne le faisoient les lois
romaines et notre jurisprudence, en autorisant le propriétaire, à défaut d'une caution solvable, d'établir un séquestre qui
perçoive le prix des fermes, et place les capitaux et les sommes provenues de la vente
des denrées non consumées, dont la jouissance appartiendra à l'usufruitier, le fonds
au propriétaire ; règle qui ne reçoit d'exception qu'en faveur des ascendans, par un
effet de la piété filiale, et du vendeur ou
donateur, qui, se dépouillant eux-mêmes,
ont été les maîtres d'imposer la loi ; enfin,
de rendre, à la fin de l'usufruit, les choses
en bon état de réparations viagères et usufruitières ; à l'exception des meubles dont la
détérioration par le seul usage, sans fraude
ni négligence, constitue la jouissance de l'u-
sufruitier. Quelle est cette durée, quand l'u-
sufruit est légué à des corporations immor-
telles ? Ici le nouveau code décide une question sur laquelle les jurisconsultes romains
étoient tombés en contradiction avec eux-
mêmes. Ceux-ci étendoient l'usufruit de ces
corporations jusqu'au plus long terme de la
vie humaine, cent années ; ce qui opéroit
une sorte de confusion avec la propriété ;

ceux-là le restreignoient à l'évaluation ordinaire de l'une de ces générations qui roulent l'une sur l'autre, trente années ; résolution adoptée par le nouveau code, comme plus conforme à la raison, à la volonté présumée du donateur, à l'intérêt public.

L'usage, le droit d'habitation, sont des usufruits restreints, non tellement toutefois que ceux à qui ils sont accordés puissent être séparés de leurs familles, même lorsqu'elles n'existoient pas à l'époque de la convention ou de la disposition ; et cependant le nouveau code est plus rigoureux que la loi romaine, ne permettant pas au simple usager de tirer parti, par la location, de l'habitation qui lui a été concédée.

Passant à une autre espèce de charges imposées à la propriété, des trois espèces de servitudes reconnues par les jurisconsultes, *personnelles, réelles et mixtes,* la destruction de la féodalité, de la main-morte réelle et personnelle n'en laisse plus subsiste qu'une seule, les services fonciers, imposés soit par la nature, par la convention ou par la disposition du propriétaire. J'en ai parcouru les diverses espèces, urbaines, rustiques, les unes résultantes de la seule situation des lieux, les autres de pure police, d'autres de la disposition de l'homme; les servitudes urbaines, presqu'inconnues dans le droit romain, ayant donné lieu à plusieurs dispositions de notre coutume, adoptées et amplifiées par le nouveau code; les servitudes rustiques tirant leur source de l'un et de l'autre droit; apparentes ou cachées, continues ou momentanées, distinctions qui donnent lieu à la principale différence entre nos lois anciennes et nouvelles relativement à l'acquisition de ces servitudes. Dans nos lois anciennes, *nulle servitude sans titre* étoit l'axiome du pays coutumier; le droit romain, au contraire, en autorisoit la prescription tant active que passive. Le nouveau code tient un juste milieu entre la sévérité excessive de notre droit coutumier et la faveur accordée par le droit romain à une tolérance momentanée. Je dis quant aux servitudes actives; car la libération s'acquiert, dans l'un et l'autre droit, par un non usage de trente années, précédé d'un acte contradictoire.

FIN DU DEUXIÈME VOLUME.

TABLE

DES MATIÈRES.

contenues dans cette deuxième partie.

TOME II.

TITRE SIXIÈME.

DROIT ANCIEN,

tiré du texte seul de la coutume de Paris.

SECTION PREMIÈRE.

---

* Il y a par erreur VI dans le texte.

TITRE VII.

FIN DE LA TABLE DE LA DEUXIÈME PARTIE.